A VIDA É UM MILAGRE

A TRANSFORMAÇÃO PELO PODER PESSOAL

Caro leitor,

Queremos saber sua opinião sobre nossos livros. Após sua leitura, acesse nosso site (www.editoragente.com.br), cadastre-se e contribua com sugestões, críticas e elogios.

Boa leitura!

EDUARDO SHINYASHIKI

A VIDA É UM MILAGRE

A TRANSFORMAÇÃO PELO PODER PESSOAL

Gente editora

Gerente Editorial
Alessandra Johanna Gelman Ruiz

Editor de Desenvolvimento de Texto
Juliana Nogueira Luiz

Editor de Produção Editorial
Rosângela de Araujo Pinheiro Barbosa

Controle de Produção
Adriane Aoqui de Souza

Preparação
Tuca Faria

Revisão
Lucrécia Barros de Freitas

Projeto Gráfico e Editoração
ERJ Composição Editorial

Fotos de miolo
Dreamstime

Capa
R.L.

Foto de capa
Matej Michelizza/iStockphoto

Impressão
Paulus Gráfica

Rua Pedro Soares de Almeida, 114
São Paulo, SP — CEP 05029-030
Telefone: (11) 3670-2500
Site: http://www.editoragente.com.br
E-mail: gente@editoragente.com.br

Dados Internacionais de Catalogação na Publicação (CIP)
(Câmara Brasileira do Livro, SP, Brasil)

Shinyashiki, Eduardo
A vida é um milagre : a essência do poder pessoal / Eduardo Shinyashiki ; preparação Tuca Faria. – São Paulo : Editora Gente, 2010.

ISBN 978-85-7312-704-1

1. Autoconhecimento 2. Desenvolvimento pessoal 3. Felicidade 4. Histórias de vida 5. Mudanças de vida - Acontecimentos 6. Neurociências 7. Realização pessoal I. Faria, Tuca. II. Título.

10-06888 CDD-155.2

Índices para catálogo sistemático:
1. Poder pessoal : Psicologia 155.2

Dedicatória

Dedico este livro a Daniela Shinyashiki, minha esposa e companheira de sonhos, que, durante os momentos difíceis pelos quais passei, esteve sempre presente com seu amor, sua sabedoria e dedicação.

Agradeço pelo seu apoio, ideias, conteúdos, estímulos e colaboração na realização deste livro, e pelos dias e pelas noites que ficamos trabalhando juntos.

Sou e serei eternamente grato.

Agradecimentos

O meu agradecimento especial à doutora Annalisa Risoli, médica fisiatra italiana especialista em reabilitação neurológica e neuropsicológica, pelo direcionamento nos conceitos da Neurociência e pela amizade e carinho de sempre.

A minha irmã Rosely Boschini e ao meu irmão Roberto Shinyashiki, pelo apoio, orientação e dedicação na realização deste livro em todas as fases.

Meus agradecimentos sinceros a Lais de Castro, Rosileide Oliveira, Gilberto Cabeggi, Eduardo Villela e Rosângela Barbosa, pela colaboração, contribuições e conselhos.

A minha filha Stella, por ter sido a primeira pessoa a ler e comentar os originais do livro.

A minha filha Caroline e a minha neta Maria Eduarda pelo entusiasmo e pela alegria de viver.

A Ailton Schranck e Vitória Silva Sanches, por cuidarem da minha energia e disposição física.

A Nilton Aquino, pela amizade, apoio e confiança.

Minha homenagem sincera a: Ana Shinyashiki, Conceição Resende Biondi, James Vanin de Andrade, João Paulo Sattamini, José Luis Pinto da Silva, Lisa Zanette, Nitya Rios, Maria Helena Rovere, Milton Callegari, Patrícia Casseano, Saidul Rahman Mahomed, pelos valiosos comentários e sugestões.

Sumário

Apresentação

Após muitos anos de trabalho com pessoas nas mais diferentes situações, presenciei alegrias e sofrimentos, dúvidas e recomeços; eu mesmo, alguns anos atrás, passei por um momento difícil de saúde, de angústias e incertezas. Quero compartilhar com você, leitor, algumas dessas emoções por meio do personagem deste livro, que, indo além de suas limitações, redescobriu sua essência e transformou sua vida.

Às vezes, no decorrer da nossa existência, precisamos fechar ciclos e caminhos e aprender a morrer metaforicamente para aquilo que fomos e renascer para aquilo que desejamos ser.

Este livro é a história, representativa e simbólica, de um percurso de crescimento e transformação realizado por um homem em um momento difícil e decisivo de sua vida.

O personagem tem o cenário de uma doença como ponto de partida para reencontrar os pedaços de si mesmo e se conhecer melhor, e poder assim descobrir suas qualidades, talentos e forças de superação.

Ele precisou mudar internamente, nas crenças e nos valores, para preparar o espaço interior necessário ao crescimento e à transformação.

Precisou limpar o terreno da sua mente para permitir que a sabedoria e a compreensão florescessem e para poder entender que ele não precisava buscar a verdade, mas se preparar para que ela o encontrasse quando pronto a recebê-la.

Este livro é a história de uma profunda experiência humana de resgate do próprio poder pessoal como fator libertador e transformador.

Às vezes, uma só palavra pode nos fazer mudar de direção.

Desejo que este livro possa ser um instrumento de reflexão.

Um abraço afetuoso,
Eduardo Shinyashiki

CAPÍTULO I

Um Pouco da Minha História

Hoje, depois de tudo o que eu vivi, posso afirmar que, se não tivesse muita determinação e muita sorte, não estaria aqui para contar a minha história.

No entanto, aqui estou eu, com a esperança de uma nova vida pela frente, um pouco de saudade daquela que passou, mas nenhuma vontade – melhor, nenhuma possibilidade – de ser o mesmo que antes.

Não estou desprezando meu passado: ao contrário, com ele aprendi muito a crescer com os meus erros – aliás, poderia dizer com os meus *não resultados*, assim fica mais justo com as experiências vividas. Há obstáculos que, depois de ultrapassados, tornam-se lições que nos auxiliam na busca de um novo sentido para a vida.

Meu nome é Marcos, tenho 43 anos, e sou casado com Lúcia há dezessete anos; temos dois filhos, a Mariana, de 15 anos, e o Mauro, de 13. Tenho uma empresa de sistemas de automação industrial que começou bem pequena, com meu pai, e com muita dedicação foi crescendo e se tornando um referencial no mercado. Tive a colaboração do meu pai durante muitos anos, ele era o meu braço direito, até que, em um acidente de carro, ele e minha mãe tiveram uma morte prematura.

Eles se foram muito depressa, no meu entender. Gostaria de ter passado mais alguns natais, alguns anos, algumas férias, algumas tardes felizes com minha mãe e meu pai, mas essa alegria não tive. Como essa é a ordem natural dos fatos e não podemos nos rebelar contra a natureza, aceitei, não sem que uma cicatriz de tristeza marcasse meu coração e minha fronte para sempre. Quando eles se foram, confesso, bateu um medo de me tornar o próximo da fila da morte.

Tudo besteira: a morte não escolhe hora, lugar nem idade. Não tem preconceito social, de idade nem de cor. Na morte, somos todos iguais. Aliás, eu me dei conta de que a morte traz com ela um sentimento de insignificância; concluí que certas atitudes que pareciam importantes deixam de ser, que coisas nas quais acreditamos se tornam pequenas.

Nasci no interior de São Paulo, filho único de pais que já não eram tão novos e que estavam resignados a não ter mais filhos. Vivi na infância superprotegido pelo amor deles, e cresci com um fardo enorme de expectativas nos ombros e a ansiedade em corresponder a elas.

Estudei, formei-me em Administração de Empresas e, como previsto, fui trabalhar na empresa da família. Casei e tive dois filhos.

Lúcia e eu éramos colegas de faculdade. Apaixonados, namoramos, e logo que me formei nós nos casamos e fomos morar no apartamento que os meus pais nos deram de presente de casamento. Depois chegaram os filhos.

Lúcia é uma pessoa maravilhosa, inteligente, linda, companheira, carinhosa e família, tanto que, quando nasceu a nossa primeira filha, decidiu não trabalhar para se dedicar inteiramente a nós. Ela aderiu à minha vida e aos meus objetivos e os defendia – e me defendia – contra tudo e contra todos.

Tudo perfeito, certo?

Pois bem, na superfície não havia ondas, porém no fundo do mar as correntes começavam a se tornar violentas.

Olhando para trás neste momento da minha vida, vejo que nos últimos anos tinha me tornado uma pessoa decepcionante, especialmente para a minha família. Acostumado a ter as coisas sem muito esforço e sem me envolver plenamente na busca e nos riscos, eu me acomodei, tratando como óbvio o que tinha conquistado e tomando como certo que tudo continuaria como estava.

Aliás, eu queria que nada mudasse; detestava surpresas, mudanças, situações inesperadas que exigiam decisões rápidas, adaptação e flexibilidade. Tinha as minhas regras e métodos como pilares de certezas e de seguranças, mesmo que isso significasse não enxergar as mudanças que estavam acontecendo ao meu redor.

Eu não queria superproteger a Mariana e o Mauro como fizeram os meus pais comigo. Porém, exagerei na direção oposta e os deixei soltos demais, e a responsabilidade da criação deles ficou nas mãos da Lúcia.

Posso dizer que não conhecia meus filhos muito bem, e o que sabia deles era por intermédio da minha esposa: "Marcos, a Mariana hoje vai a uma festa..."; "Marcos, o Mauro trouxe o boletim da escola e não está muito bom, mas prometeu que vai melhorar...".

Eles têm personalidades bem distintas: a Mariana é forte, decidida e comunicativa. O Mauro é mais introvertido e solitário, com poucos e fiéis amigos.

No acontecer da vida, não percebia que uma grande distância estava se criando entre nós, ou não queria ver para não a enfrentar.

Quando a insatisfação, a decepção e os problemas o atropelam, não é simples desafiá-los. Não é como tirar o casaco quando está com calor ou sacudir rapidamente a poeira quando se acumula. Preferi não encarar as dificuldades, as minhas limitações, o meu cansaço e continuar em frente como um cavalo com os seus tapa-olhos.

Até que a existência se encarregou de me "acordar" de um sono profundo. De repente surgiu na minha vida um fator que mudou tudo.

Capítulo II

O Pássaro da Tristeza

A jornada para dentro de mim mesmo começou quando aconteceu um acidente: num dia claro de verão, cheio de sol em uma praia linda no sul do país, num mar de águas azuis e transparentes, caí em alta velocidade de um *jet ski* e bati a cabeça com tanta força na água que, naquele momento, me pareceu bater em uma parede. À primeira vista, porém, não havia nenhuma lesão.

O fato é que aquele tombo foi o estopim de uma longa jornada, intensa, que mudou definitivamente o meu mundo interior e exterior também e que realizou imensas mutações nos meus pensamentos, sentimentos e atitudes.

Na segunda-feira seguinte, entretanto, uma dor quase insuportável se instalou na minha cabeça. Tomei um comprimido de paracetamol. Não passou. Experimentei todos os analgésicos possíveis e imagináveis e nada fez efeito.

Eu não queria acreditar que, na minha cabeça, houvesse algo mais do que uma simples dor. Por isso, relutava em fazer uma consulta com um neurologista. Mal imaginava que haveria uma grande reviravolta em minha vida

No dia seguinte consultei a doutora Silvia, uma neurologista muito conceituada, e os olhos dela diziam aquilo que a boca não permitia. A minha consciência de que algo de grave estava acontecendo aumentava em cada encontro com a médica.

Ela pediu uma quantidade imensa de exames, e uma semana depois o diagnóstico! Jamais esquecerei aquele dia, naquele consultório. Fiquei sentado em frente da médica, e ela, com toda a serenidade, mas também com muita objetividade, foi apresentando os resultados dos exames: eu tinha um tumor cerebral maligno.

Era um quadro clínico considerado grave, mas com algumas expectativas de cura.

A doutora Silvia ainda me disse que o tumor poderia ter sido descoberto depois, caso não tivesse acontecido o tombo. E então, teria sido bem pior. O tombo, portanto, foi providencial.

É difícil exprimir em palavras o que senti naquele momento. Foi um choque. Não consigo relatar a intensidade da batalha de sentimentos que se travou no meu íntimo. Estava diante de uma realidade, e ela era assustadora. Fiquei paralisado.

Passado este momento em que não conseguia dizer nada, eu me esforcei para ser o mais objetivo possível e busquei frieza não sei onde para perguntar quais seriam os próximos passos.

Foi um dos momentos mais difíceis que já vivi; fiquei totalmente perdido e sem direção. Não sabia para onde ir. Acho que se visse um buraco teria me enfiado nele, esperando que esse tsunami passasse.

Voltei para a minha empresa, empapado em suor, apavorado... Olhava para todos os lados e não via saída. O nervoso foi tomando conta de tudo, tive náuseas, ódio, medo, não entendia por que eu...

Abri a janela do décimo andar. Algo me puxava lá para baixo, e quase me atirei (olhei para baixo, parecia tão tentador, mas tive medo). Por fim, chorei como uma criança faminta da qual se tira a mamadeira. Chorei como um adolescente quando perde a primeira namorada. Chorei como o adulto que sou. Chorei, apenas.

Fiquei naquele escritório, como se fugisse do mundo, da verdade, de tudo que sabia que precisaria encarar, escondido durante horas. Escureceu. Como iria dizer à minha mulher? Como iria contar aos meus filhos?

Eu quase me sentia culpado e envergonhado por ter uma doença.

O que é que eu vou fazer agora?

Apoiei a cabeça na mesa e dormi, aos prantos. Acordei com o celular tocando. Era Lúcia, minha esposa:

– Onde você está? O que aconteceu?

– Não aconteceu nada. Tive um problema no escritório e vou para casa agora.

Quando desliguei, pensei que havia mentido. Não, não menti. Não aconteceu nada, de verdade. Pelo menos ainda não tinha acontecido. O que vinha depois ainda estava por acontecer.

No caminho de casa perdi a visão das cores. Enxergava as luzes de freio dos outros carros e os sinais de trânsito acinzentados: nada de vermelho, amarelo, verde. Era tudo em tons de cinza, branco, gelo – as placas das lojas, os cartazes de publicidade. Será que o tumor já tinha atingido meu nervo ótico?

Guardei o carro na garagem e vi o elevador colorido. Talvez estivesse melhorando pela proximidade do aconchego da família. Era disso que eu necessitava naquele momento. Tenho quase 1,80 m; minha mulher é miúda, não passa de 1,60 m. Hoje posso declarar que ela tem 1,60 m de coragem, generosidade e companheirismo. Daquela noite até hoje, alguns réveillons se passaram e cada um deles teve um gosto muito especial na minha vida: um gosto de superação.

Capítulo III

Olhando-me no Espelho

A partir do dia do diagnóstico, turbilhões de pensamentos passaram pela minha cabeça. A doença me pegou completamente despreparado. Nunca se pensa que possa acontecer com a gente.

Aliás, eu vivia como se fosse imortal, como se tivesse tempo para fazer propósitos e adiá-los. Como se a vida não tivesse um fim, e sem me dar conta da preciosidade dos meus dias.

Lembrei de ter ouvido dizer que na antiga China muitas pessoas colocavam um caixão em casa, e, quando tinham que tomar alguma decisão importante, deitavam-se nele para se lembrar da própria mortalidade e transitoriedade.

Mas eu não! Eu vivia como se apenas minhas verdades existissem, num castelo de cartas de baralho. Acomodado no meu ego, na minha ambição, na minha arrogância e onipotência, deixei de sentir a mim mesmo, as pessoas e a vida ao meu redor.

Deixei de viver muitas coisas e de assumir a responsabilidade sobre o que deixei de fazer. Muitas vezes discuti com minha mulher com a ideia preconcebida de que eu estava sempre com a razão. Outras, dei ordens aos meus filhos, sem sequer ouvir os argumentos deles. Devo ter feito o mesmo com meus colaboradores na empresa.

Por que só abri os olhos para tudo isso no momento da doença e do sofrimento?

Por que tive de ficar doente para perceber a ilusão na qual a minha vida tinha se tornado?

Nos dias logo após o diagnóstico pousou sobre mim o pássaro da tristeza. Perdi o chão e precisei assumir a realidade da doença, quando eu simplesmente queria continuar vivendo a rotina que sempre vivi.

Tinha um tumor cerebral com pequena possibilidade de cura. Esta era a realidade. Não adiantava tomar um remédio para dormir, porque acordaria com o tumor cerebral. Não adiantava mentir para mim mesmo. Este era um fato que devia ser enfrentado. Tinha um companheiro de viagem que não iria me deixar só porque eu queria. Parecia que o passado se projetava diante de mim como um filme, pois encontrava nele várias situações nas quais fiz exatamente o que desejava fazer naquele momento: tomar um remédio para dormir e fugir do problema para que ele passasse sem que eu tivesse de enfrentá-lo.

Na minha cabeça, eu repetia desesperadamente: "Quer saber de uma coisa? Não vou enfrentar coisa alguma. Vou acabar com minha vida. Vou dar um fim a esta história. Vou virar as costas para a vida. Não quero saber de porcaria de cirurgia, de previsões otimistas, de nada".

Estava com vontade de jogar tudo para o espaço (negócios, família, amigos, dinheiro, sucesso). Vontade de explodir tudo aquilo que antes parecia tão importante e que agora não fazia o menor sentido. Mas estava diante de uma situação que não me permitia fugir; não bastaria fazer de conta que não era nada, nem pensar que se não fizesse muita onda tudo passaria.

"Vai dar certo, vai dar certo", ficava todo mundo repetindo para mim.

"O que significa dar certo?"

Minha primeira reação foi de revolta completa.

"Não quero, não faço, ninguém sabe nada sobre o que sinto."

Não entendia, naquele momento, que as pessoas que estavam ao meu lado gostariam mesmo de me ver bem. Gostariam sinceramente de não estar assistindo àquele espetáculo triste, ou de conseguir mudar o destino e escrever, para a minha história, um final feliz.

Não conseguia controlar o medo e a angústia, a dor no meu coração era insuportável. Estava no fim de uma tempestade, quando fica tudo revirado, de cabeça para baixo, tudo desarrumado, e é preciso dedicar um bom tempo e energia para limpar e arrumar.

A minha sensação era a de que o mundo tinha se desintegrado e eu estava em outra realidade. Estava caindo, um abismo se abriu de repente diante de mim e não havia nada para me segurar.

Na minha cabeça, uma pergunta sem fim: será que é tarde demais?

Será que a cortina está se fechando no palco da minha vida?

Nos dias anteriores à internação, eu, minha esposa e os nossos filhos nos olhávamos em silêncio, como se fosse a primeira vez que a gente se visse, querendo que o tempo parasse e nada daquilo estivesse acontecendo. Não sabíamos lidar com aquela situação.

Certo dia estávamos todos na sala depois do jantar, e o Mauro, quebrando o silêncio, perguntou-me:

– Pai, o que vai acontecer agora?

– Filho, na verdade não sei. Gostaria muito de poder dizer que tudo vai ficar bem, mas as incertezas são maiores do que as certezas.

A Mariana me interrompeu bruscamente:

– Você nunca quis se cuidar, pai, existia só o trabalho para você. Era previsível chegar a esse ponto!

– Mariana, nem sempre a vida acontece do jeito que a gente sonha e nem sempre nos tornamos as pessoas que queríamos ser – disse a Lúcia.

– Mas não precisamos ser o oposto do que nós sonhávamos – respondeu a Mariana.

Dito isso, ela se levantou e saiu da sala.

O Mauro estava assustado, e algumas lágrimas escorreram pelo seu rosto.

Envolvidos pelo medo, nos olhávamos querendo enxergar o fundo das nossas almas e encontrar respostas, que, naquele momento, não existiam.

Eu sabia que o mistério da dor, da doença e da morte fazia parte de tudo o que existe. Então, por que estava surpreso agora? Por que me sentia traído pela existência?

Só depois de tocar profundamente a fragilidade da vida senti quanto ela era preciosa.

Sem respostas prontas, fui impulsionado a sair do meu esconderijo e buscar minha própria verdade para poder voltar a segurar as rédeas da minha existência e da minha felicidade.

Capítulo IV

Somos o que Pensamos

Quando entrei no hospital estava muito nervoso.

Sempre fui um homem desconfiado, acostumado a não acreditar nas pessoas e com um pé atrás. Colocar-me nas mãos da doutora Silvia e de sua equipe me apavorava. Encontrava-me cheio de dúvidas sobre sua competência. Queria fazer milhões de perguntas, ter explicações e a certeza de que ela sabia o que estava fazendo.

Será que deveria ter procurado outros especialistas? Uma parte de mim dizia que sim, e outra, que eu precisava confiar em minha médica.

Estava perplexo. Até então, nunca havia ficado doente nem sido internado, sempre tive uma ótima saúde. E de repente me encontrava na posição de paciente, um papel que não conhecia. Estava com muita raiva.

"Como pôde me acontecer isso? Eu sou jovem e saudável! Por que o meu corpo me deixou na mão? Deve ter sido um engano."

A doutora Silvia entrou no quarto. Precisava conversar comigo sobre os próximos passos.

Ela tinha mais ou menos a minha idade. Cabelo curto, castanho, olhar direto, mas não agressivo, um jeito de falar firme, mas suave.

Falou alguns minutos e em seguida, antes de sair, avisou-me que Jorge, o psicólogo da equipe dela, em breve viria me conhecer. Também me entregou um livro.

– Marcos, aproveite estes dias de exames de preparação à cirurgia para ler um pouco deste livro. Ele vai te ajudar a compreender o que você está sentindo e a te preparar para os longos e difíceis dias que estão por vir. Na correria do dia a dia, não temos tempo de parar e pensar nos significados mais profundos da nossa vida. Sei que infelizmente você foi "obrigado a fazer esta parada", porém às vezes uma adversidade é na verdade uma bênção camuflada. Não se negue a oportunidade de compreender, se conhecer melhor e se transformar. Às vezes, o que parece o fim pode ser um novo começo.

Foi assim que a doutora Silvia, o livro e, em seguida, Jorge entraram no meu caminho e se tornaram um importante estímulo de esperança.

Começou nesse momento da minha existência um aprendizado diferente do que estava acostumado e que me levaria a despertar da minha letargia. Sempre me preocupei em me tornar melhor como profissional, busquei cursos, especializações, formações, mas nessa situação percebi que nada sabia sobre como lidar com as minhas emoções, fraquezas e medos.

Logo depois que a doutora Silvia saiu, fiquei curioso com o livro e comecei a ler.

> "Somos o que pensamos. Tudo o que somos surge com nossos pensamentos. Com nossos pensamentos, fazemos o nosso mundo." (Buda)
>
> Com um pensamento, consciente ou inconsciente, modificamos o nosso corpo, modificamos a nós mesmos, pois cada pensamento produz uma reação bioquímica no cérebro que libera sinais químicos que são transmitidos ao corpo. Assim "sentimos" o que estamos pensando.
>
> Se o pensamento é prazeroso, de alegria, harmonia, felicidade etc., o nosso cérebro produz um neurotransmissor químico, a dopamina, que nos faz sentir bem, alinhados com este tipo de pensamento. Ao contrário, se temos pensamentos negativos, de desqualificação, insegurança, medo etc., o nosso cérebro produz outras substâncias químicas que fazem o nosso corpo se sentir de acordo com a natureza do pensamento.
>
> Quando o corpo responde a um pensamento com uma sensação, esta por sua vez cria outro pensamento, que estimula outra sensação, outro pensamento e assim por diante, formando um ciclo contínuo, e às vezes um círculo vicioso, difícil de interromper quando os pensamentos são negativos, destrutivos, limitantes e obsessivos.

Quanto mais nos fixamos nos mesmos pensamentos limitantes, mais produzimos as mesmas substâncias químicas, provocamos as mesmas sensações no corpo e fortalecemos um estado do ser que influencia as nossas atitudes, decisões e ações.

Podemos ficar dependentes deste estado do ser e tornar mais difícil a mudança. A contínua repetição destes pensamentos negativos, as reações químicas consequentes e as sensações corporais negativas podem consolidar em nós a ideia de que é impossível mudar.

Fiquei impressionado com o que li. Nunca tinha "pensado" nesta perspectiva em relação aos meus pensamentos. Eles se tornam literalmente matéria, primeiro no meu corpo, através das reações químicas e sensações, e depois na realidade, através das minhas atitudes e ações... em um ciclo contínuo...

Fiquei um instante com a mente vazia... organizando e assimilando dentro de mim estas informações e me perguntando: Que tipo de pensamentos eu alimentei durante anos? E com que força e intensidade? Como eles influenciaram a qualidade da minha vida e a minha saúde?

Comecei a desconfiar de que um sacrifício ia se tornar necessário, não só da cirurgia e do tratamento, mas o sacrifício de uma parte de mim. O meu barco estava afundando, precisava jogar ao mar tudo aquilo que não era mais essencial e verdadeiro.

Capítulo V

Pensar e Sentir

Lúcia e os meus filhos estavam comigo no quarto.

Parecia tão estranho estarmos juntos sem ter os outros milhões de compromissos e de tarefas que geralmente nos ocupavam: trabalhar, estudar, cozinhar, falar ao celular, fazer reuniões, jogar futebol, ir à academia, assistir à TV, levar o cachorro para passear, abastecer o carro etc.

Os quatro no mesmo ambiente por mais de cinco minutos também não era usual! Eu olhava para eles e, pela minha cabeça, passavam, como se fosse um filme, lembranças, fatos, momentos da nossa vida.

Provavelmente eles também estavam fazendo uma retrospectiva... quem sabe?

Estávamos juntos, porém conversando sobre banalidades e assuntos corriqueiros. Parecia que havia um pacto selado entre nós de ficar no conforto da superficialidade. Mas não sabíamos que esse pacto já havia sido estabelecido há muito tempo.

Sei que em algum ponto do caminho decepcionei os meus filhos, o herói da vida deles caiu em desgraça e não soube se reerguer. Ele os traiu, abandonou e começou a percorrer uma trilha solitária. Em que ponto do caminho eu tropecei, não sei ao certo. E traí a Lúcia também, abalei a sua confiança e, de herói, voltei a ser humano.

Em um momento difícil da nossa vida, quando os meus pais faleceram no acidente e tive que assumir sozinho a empresa, a mãe da Lúcia também adoeceu, e ficamos com dificuldades financeiras. Dediquei-me então exclusivamente ao trabalho e me fechei para não demonstrar o sofrimento que sentia e o medo de fracassar.

Assim, todo o resto ao meu redor, inclusive eu mesmo, se tornou secundário. Nós nos distanciamos e, mesmo com o forte amor que sempre nos uniu, não nos entendíamos mais. A nossa cumplicidade e confiança ficaram abaladas.

Não éramos mais um casal, tínhamos nos tornado os melhores colegas de quarto e, sem conseguir sair deste papel, fomos mantendo as mesmas conversas e a mesma rotina.

Estar ali naquele quarto de hospital, nós quatro, partilhando de momentos tão delicados, era, no mínimo, estranho. Cada um de nós se sentia frágil, ao mesmo tempo que queria ser forte para resolver aquela situação. Mas estávamos impotentes diante da vida. Só nos restava esperar e rezar.

Quando Lúcia e meus filhos foram para casa, fiquei sozinho novamente no quarto. Pensativo, tentando entender o que estava acontecendo, retomei o livro:

> Os dois maiores desafios dos seres humanos são: pensar e sentir.
>
> Muitas vezes não pensamos, mas "repensamos" os mesmos pensamentos, como um computador que processa a partir do programa instalado.
>
> Perdemos desse modo o prazer de pensar, de questionar, de mudar o ponto de vista e poder chegar assim à clareza da compreensão.
>
> Como todo pensamento é ligado à emoção, acabamos por sentir e projetar no presente sentimentos já experimentados.
>
> Mas os seres humanos possuem uma capacidade única de mudar. Na ótica da evolução, a mudança é um elemento universal e constante.
>
> Claro que não é simples, pois abandonar o velho para abraçar o novo é um risco. Precisa ser percebido como realmente necessário.
>
> A mudança pessoal necessita de um ato voluntário intencional, e isso geralmente acontece quando estamos em uma situação de sofrimento tal que se cria em nós um forte desejo de fazer diferente para superar esta condição e mudar algo profundamente dentro de nós.

A nossa vantagem é que temos uma capacidade cerebral natural chamada neuroplasticidade, que permite modificar, a qualquer idade, os circuitos neurais e criar novos, podendo mudar os nossos comportamentos, as nossas crenças, quem nós somos e a nossa realidade. Mesmo o cérebro adulto continua se modificando, formando novas conexões sinápticas e interrompendo outras.

O nosso ato voluntário e consciente provoca a mudança. Com o privilégio do livre-arbítrio fazemos escolhas.

Como quero me sentir?

Onde quero colocar a minha atenção?

Qual a realidade que quero viver?

Quem eu quero ser?

Fechei o livro. Meus pensamentos não estavam contribuindo. Pensava na cirurgia e em todas as piores consequências, podia morrer ou ficar com sequelas. Pensava na minha vida e no buraco em que eu tinha caído. Minha cabeça parecia pesar uns duzentos quilos e prestes a despencar do meu pescoço.

Não conseguia focar o pensamento em algo "positivo" e fiquei com raiva da doutora Silvia e do seu livro. Completamente desnorteado, era incapaz de entender por que estava acontecendo aquilo comigo.

Sentia-me dentro de um avião, preso ao assento e viajando para um lugar que não tinha escolhido. E talvez em uma viagem sem volta.

Tive vontade de esmurrar as paredes e quebrar tudo o que estava no quarto. Mas acabei por sentar-me na cama e, de repente, um choro profundo brotou do meu peito e perdi a noção de tudo o mais. Somente então compreendi que toda aquela raiva que eu parecia sentir era, na verdade, apenas um disfarce do medo que eu sentia do que estava por vir, e arrependimento por tantas coisas que eu já havia feito de errado com a minha vida, a de Lúcia e das crianças.

Depois de esgotado o choro, exausto, adormeci.

Capítulo VI

O Início

Na véspera da cirurgia, quis ficar sozinho.

Então me dei conta de que este era um comportamento antigo e viciado: eu não sabia pedir ajuda nos momentos de dificuldade e queria sempre me virar sozinho, me isolando e me afastando de tudo e de todos.

Mas a minha neurologista quebrou meu isolamento e pediu ao Jorge, psicólogo da equipe dela, que fosse me visitar.

Gostei dele, me pareceu uma pessoa tranquila, simples e confiável. Não entrou invadindo o meu espaço, mas, com muito respeito e educação, se apresentou e falou um pouco dele e do seu trabalho no hospital. Ele tinha 57 anos, cabelo e barba brancos reconfortantes, usava óculos. A fala era calma, de quem estava acostumado a conversar com os pacientes do hospital e a lidar com os mistérios da vida e da morte que lá se respiravam diariamente.

Depois de se apresentar, Jorge perguntou de mim.

Contei a minha história e começamos a conversar.

– Jorge, tenho medo... Como posso ir para uma cirurgia com este espírito? – eu perguntei, com a vergonha de quem não está acostumado a falar de si e dos próprios sentimentos.

– Tem todo o direito de sentir medo. Imagino que você esteja sentindo como se todos os pensamentos de medo e angústia do mundo estivessem invadindo a sua mente e ali querendo ficar.

– É isso mesmo! Muitas vezes tenho a sensação de que nunca vou conseguir eliminar as emoções negativas. Por que parece tão difícil?

– Falou certo: "parece" difícil porque estamos condicionados a pensar e agir da mesma maneira, estimulando sempre os mesmos pensamentos e ações, e assim limitamos a nossa percepção do que é possível.

Por sugestão dele, lemos juntos um trecho do livro que dizia:

> O nosso cérebro não é estático nem rígido. As células cerebrais, os neurônios, são constantemente remodeladas e reorganizadas pelos nossos pensamentos e experiências. Os neurônios se conectam entre si através de impulsos elétricos e químicos e se comunicam através das sinapses; tudo isso junto forma ligações permanentes, porém modificáveis: as redes neurais.
>
> Pesquisas recentes sugerem também que o cérebro adulto, em algumas de suas partes, pode gerar novas células cerebrais durante a vida inteira (neurogênese). Quando células cerebrais são danificadas em determinadas partes do cérebro, elas conseguem se reparar e regenerar.
>
> A maneira como os neurônios se comunicam entre si é a mesma em todos os seres humanos, porém o modo como as células nervosas se organizam nas redes neurais é diferente em cada pessoa, dependendo da bagagem e experiência individual.
>
> Quando aprendemos novos conhecimentos, imaginamos ou vivemos novas experiências, fixamos informações, desenvolvemos novos conceitos, mudamos paradigmas, praticamos novas atitudes e as consolidamos e associamos a outras lembranças, a nossa herança genética e a conhecimentos preexistentes, permitimos aos neurônios que se configurem em um conjunto que criará uma nova rede neural, modificando quem somos.

– Marcos, a mudança é perfeitamente realizável. Quando tomamos a decisão definitiva de mudar, ela se torna uma força poderosa. Somos muito mais que o ambiente e a herança genética. A nossa força reside nas escolhas e nas opções que fazemos e com as quais geramos resultados e refazemos a nossa vida.

– Entendo, Jorge. Todavia, vejo uma distância enorme entre saber e colocar em prática.

– Você precisa se focar unicamente na sua cura. Não permita que pensamentos e emoções radicados no medo e na dúvida distraiam você. Nesse momento, faça com que essa seja a sua única opção. Agora você precisa ser a sua própria prioridade.

– Sim, mas como faço isso?

– O primeiro passo é a decisão de mudar, como te falei antes, depois é direcionar a sua atenção nos pensamentos que você quer. Aquilo em que pensamos repetidamente e em que focamos a nossa consciência modifica o funcionamento do nosso cérebro. Quando prestamos atenção ao que nos interessa, ignoramos as outras informações, não permitindo que nossa mente aja de forma incoerente com o objetivo mais importante.

Com essas palavras, Jorge se despediu e saiu com a promessa de que em breve me visitaria novamente e de que estaria à disposição para qualquer necessidade. Foi a nossa primeira conversa, de muitas que vieram depois.

Existem pessoas que sabem encontrar as palavras que mais precisamos escutar. O que Jorge disse entrou diretamente na minha alma, fez sentido, e naquele quarto de hospital, a apenas algumas horas de ir para o centro cirúrgico, eu precisava decidir, definitivamente, se iria desistir ou continuar.

Nessa bifurcação da vida eu tinha de escolher que lado da estrada pegar. Aquela decisão seria unicamente minha, de minha inteira responsabilidade.

Havia entendido que os meus pensamentos poderiam ser um grande obstáculo ou uma grande ajuda para passar por tudo aquilo. Dependia de mim.

Mas "de mim" quem? Não sabia mais quem eu era, estava confuso, não reconhecia a pessoa à qual estava acostumado. Não podia contar com ela, pois não existia mais.

Quando aquilo que eu pensava sustentar a minha identidade (nome, profissão, família, conta bancária...) se tornou tão frágil que me deixou nu, exposto e vulnerável, eu me perguntei: posso recriar quem eu sou? E afinal, quem sou eu, verdadeiramente? Eram questões às quais eu não sabia se iria ter uma nova chance de responder.

No dia seguinte, finalmente, a hora chegou. Não posso dizer que estava pronto para ir para a sala de cirurgia. Mas eu não tinha escolha.

Eu, Lúcia, Mauro e Mariana nos abraçamos longamente. A esperança e o medo nos uniam de modo especial e intenso, e senti uma vontade sobre-humana de me agarrar à vida com mais força.

Começava ali a jornada mais difícil que eu jamais imaginei fazer em minha vida.

Na sala de cirurgia, um pouco de anestesia e pronto, eu me encontrei completamente fora do ar, entregue ao meu destino, sem nem imaginar para onde ele me levaria.

Capítulo VII

A Continuidade

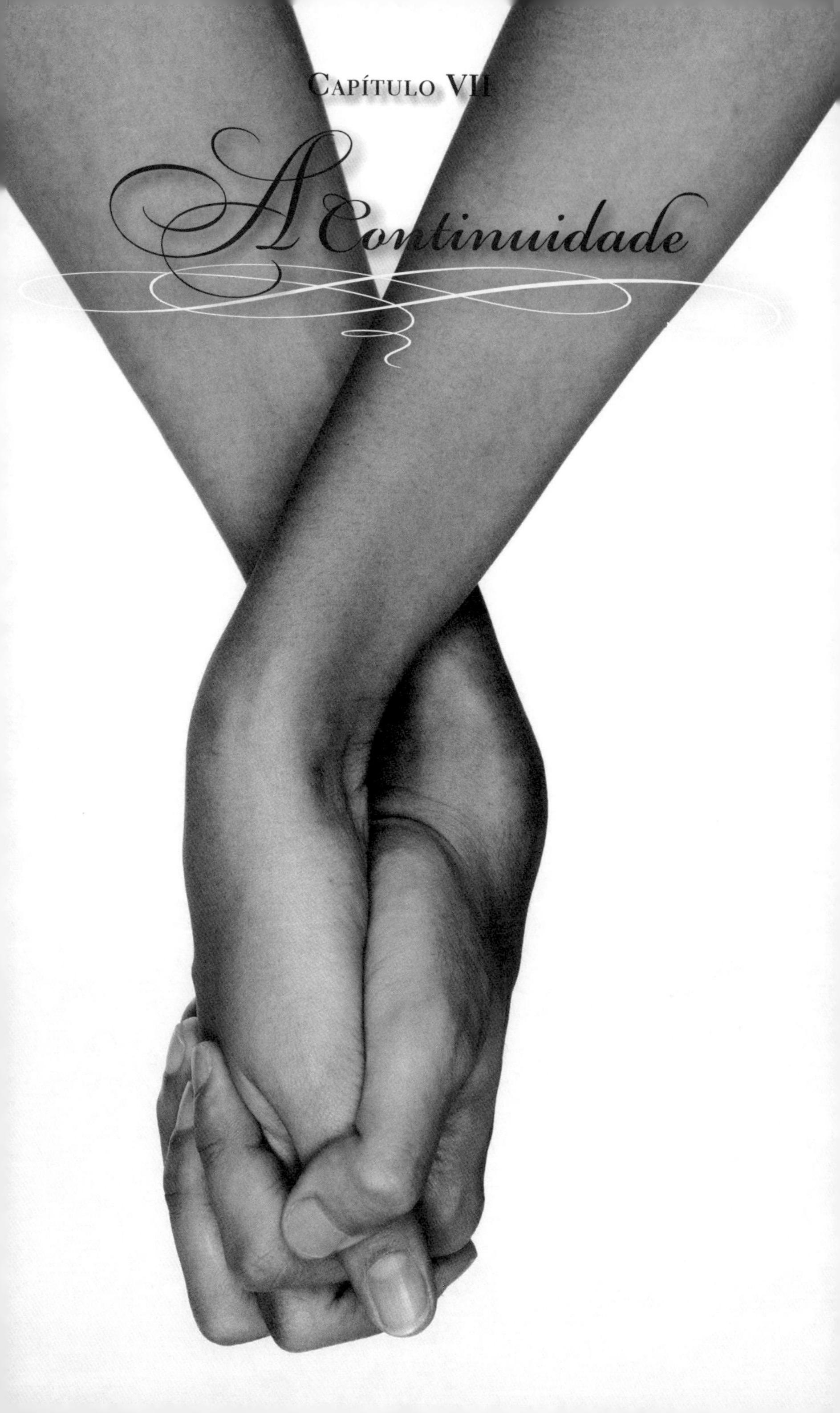

Ao abrir os olhos e ao enxergar o teto do quarto, não sabia exatamente o que tinha me acontecido. Imaginei, num primeiro momento, que estivesse no além, pois os lençóis, as paredes, as portas, tudo no quarto era branco e envolto em um estranho silêncio.

Em seguida, percebi que não morrera. Mas não sei por quanto tempo divaguei, sem conseguir fixar o pensamento em algo.

Depois, contaram-me que dormi de novo, mas que aqueles meus momentos acordado, em que falei palavras comuns, mas bem concatenadas, trouxeram uma esperança incrível a todos. Se o meu corpo aguentasse o tranco, o cérebro aceitaria o desafio. Até ali dava mostras claras de que iria em frente.

Nos dias que se passaram, eu me sentia exausto, como se tivesse subido mil degraus carregando uma mala cheia de chumbo. Passava, a cada dia, cerca de vinte horas apagado.

Quatro semanas depois fui brindado com mais tempo acordado, até que meu sono se regularizou. Passei a dormir doze horas e a tomar consciência do meu corpo. Isso não foi bom... Pois com muita dor e por causa da cirurgia, não tinha opção de posição para dormir se não aquela em que eu estava havia mais de trinta dias.

Mas já era um prêmio. Lá estava eu usufruindo da possibilidade de me manter vivo. Ainda que preso à cama.

Nessas primeiras semanas em que o meu corpo submetido a duras provas estava se recuperando, a minha mente apareceu. A percepção dos meus pensamentos ficou tão forte que me pareciam concretos e tive a sensação de que podia tocá-los.

Nunca fiquei tanto tempo a sós comigo mesmo! O tempo e o espaço não tinham significado.

Vivia dentro da minha cabeça.

As lembranças eram quase todas da minha infância. Via-me quando pequeno no colo da minha mãe, na nossa casa, na bicicleta velha do meu pai quando ele me levava para a escola, lembrava do cheiro da comida na cozinha quando voltava da aula e de quando ficava jogando futebol na rua até escurecer.

Muitas recordações dos meus pais, daquela vida quando criança, daquele mundo, daquele tempo e dos valores que os meus pais me passaram. Valores simples, mas fortes, como o valor da honestidade, da dignidade, do trabalho e da família.

Vagava nas lembranças, nas imagens que vinham à minha mente e nos questionamentos:

E se eu tivesse morrido na cirurgia? O que teria perdido? O que não teria compreendido? Como ficariam as pessoas queridas da minha vida? Será que vou me recuperar plenamente? E se me recuperar, o que vou fazer?

Por vários momentos senti uma conexão com algo maior e além de mim, uma união com o Universo. Gostei da sensação, ainda mais porque nos últimos anos estava vivendo em um deserto espiritual, tinha perdido a ligação com a minha espiritualidade.

Eu encarava os fatos da vida com praticidade e concretude. Não tinha consciência do significado espiritual da existência, e nunca me preocupei com ele.

Porém, há momentos na vida em que de repente pode acontecer um encontro com a espiritualidade, a fé e com algo não compreendido, mas intuído, percebido e sentido. Esse momento para mim foi quando tive as minhas raízes chacoalhadas pela doença, e me produziu um profundo questionamento das minhas crenças e condutas passadas, e permitiu um despertar e um olhar inédito sobre o sentido sagrado da vida como criação Divina.

De repente estava falando com Deus, orando, invocando e implorando a uma força maior para que, naquele momento, me acompanhasse com compaixão.

Sem perceber, eu renascia. Mas nascia de novo de um modo totalmente diferente daquele ser que conhecia como eu.

Capítulo VIII

Parado no Tempo

Com o passar dos dias, surgiu muito intensamente a certeza de que tinha me sido dado um presente, uma segunda chance.

Posso aceitá-la? Sou digno desta oportunidade e saberei abraçá-la com o respeito e a responsabilidade que ela exige?

Jorge tinha me contado uma breve história que ressoava até agora dentro de mim:

Perguntaram ao Dalai Lama:

– O que mais te surpreende na Humanidade?

E ele respondeu:

– Os homens... Porque perdem a saúde para juntar dinheiro, depois perdem dinheiro para recuperar a saúde.

E por pensarem ansiosamente no futuro, esquecem do presente de tal forma que acabam por não viver nem o presente nem o futuro. E vivem como se nunca fossem morrer e morrem como se nunca tivessem vivido.

Eu estava vivendo assim. Mas não queria mais continuar daquela maneira.

Ter sobrevivido à cirurgia mudou a natureza da minha consciência, que ultrapassou os limites preexistentes, como se pudesse ver a minha vida do alto e enxergar a realidade de outro ponto de vista, acima do conhecido, do familiar, do habitual.

Sentia-me pronto para aceitar a segunda chance e assumir o compromisso de criar novos horizontes e viver novas criações.

Um processo de transformação tinha começado. Amarras estavam se soltando, e como um recém-nascido, saindo do ventre, eu me sentia livre para percorrer novos caminhos e me movimentar em qualquer direção que escolhesse.

Renasci.

No entanto, precisava de tempo para me recuperar. Seis meses, um ano... Ainda não sabia, mas isso não era importante; a decisão de transformar-me, de agarrar aquela segunda chance com toda a minha vontade de viver e me tornar um ser humano melhor, estava tomada.

Jorge veio me visitar, e entrou no quarto com a sua calma habitual.

Comentei com ele as minhas reflexões e decisões, o que tinha lido no livro e como eu estava cada vez mais me dando conta de quanto havia permanecido adormecido na minha vida, sem perceber que acontecimentos e fatos vinham se repetindo. Sem surpresas.

Na verdade eu vinha sendo repetitivo e previsível e cheio de condutas não produtivas.

Jorge se lembrou de um filme:

– Marcos, você assistiu a um filme chamado *Feitiço do Tempo* (*Groundhog Day*, "O Dia da Marmota")? Nele, Bill Murray interpreta um jornalista que vai cobrir – pela quarta vez e com uma enorme dose de má vontade – o lançamento da festa provinciana em homenagem a uma marmota que faz previsões do tempo. Ele se considera mais importante do que aquele acontecimento interiorano.

Terminado o trabalho, porém, ele fica preso na cidade por causa de uma nevasca e volta para dormir no mesmo hotel. No dia seguinte acorda, literalmente, no dia anterior, ou seja, no mesmo Dia da Marmota. E tudo se repete, desde os diálogos até o clima. Ele volta ao hotel à noite para dormir, esperando que aquela maluquice passasse, mas, no segundo dia, acorda com tudo completamente igual. Toma o mesmo café da manhã, encontra as mesmas pessoas e elas lhe fazem as mesmas perguntas, lhe dizem as mesmas palavras. E tudo vai se repetindo, como se ele estivesse preso naquele dia. No início, ele dá risada e até se aproveita da situação (pois conhece o futuro), mas, depois, vai ficando exausto, ansioso e nervoso com aquela repetição anômala, que acaba por deixá-lo desesperado.

E isso tudo continua até que o protagonista começa a fazer uma revisão da vida e toma consciência de quem ele é e de seus atos. Ele começa a observar o que fazia: o tempo que perdia com coisas sem importância, sua rudeza com as pessoas, sua superficialidade. No momento em que assume suas falhas, ele se predispõe a transformá-las e muda seu comportamento e ações, transforma também o resultado e consegue se libertar daquela estranha prisão no tempo.

– Obrigado, Jorge, começo a compreender. Não quero mais ficar preso no Dia da Marmota! E não quero, nem para mim nem para todos que me cercam, assistir sempre a um mesmo filme velho, que já vi mil vezes. E nem que digam, ao meu lado: "*Ora, ora, eu já vi esse filme. Ele fala que vai mudar, mas faz tudo igualzinho...*"

– Que bom, Marcos, fico feliz com isso.

– Jorge, este filme que você contou me fez lembrar também da época em que morei na Europa e trabalhava em uma empresa cujo presidente era muito eficiente, mas também extremamente rígido. Todos os colaboradores o respeitavam muito, mas como um líder à antiga, seco, de poucas palavras.

Em certo momento, a empresa começou a criar uma participação maior em programas sociais de aproximação com a comunidade local. Um dia, este presidente me confidenciou que sofria demais cada vez que precisava enfrentar uma destas reuniões sociais, e especialmente quando recebia um abraço de uma criança agradecendo-lhe, por exemplo, ou outras manifestações de afeto. Mas com o passar do tempo foi ocorrendo nele uma mudança; aquela dificuldade diminuiu, e ele passou a sentir prazer em se envolver com as pessoas. Os encontros deixaram de ser um desafio para serem momentos de alegria.

Ele, que antes vivia trancado no alto de sua posição, percebeu que tinha mudado. A sua liderança na empresa se tornou mais eficiente, deixou de ser um espaço solitário para ser compartilhado com a equipe. Esse homem concluiu, afinal, que o crescimento dos seus colaboradores passou a ser também o seu crescimento. Eu me recordo que, num encontro com os diretores da empresa, chegou a se emocionar ao falar deles como parte da sua vida.

E Jorge continuou:

– Podemos praticar a mesmice diariamente, ou permitir que as situações inesperadas que entram em nossa vida possam ser um convite para nos tornarmos pessoas melhores. Um antigo ditado diz: "Às vezes a existência te oferece um vislumbre de oportunidade, e, se você tiver a coragem de agarrá-lo, sua vida se transformará em um instante".

– É isso mesmo, Jorge, estou tendo o meu vislumbre de oportunidade e vou agarrá-la com todo o meu ser. Estive tanto tempo dentro de um casulo, cheio de justificativas para tudo... Agora quero utilizar este momento para sair desse casulo e ir em busca da minha cura.

Capítulo IX

Condutas Não Produtivas

Quando Lúcia e os meus filhos vinham ficar comigo no hospital, era um alento para o meu coração. Aquela mudança brusca de cenário em nossa vida fez nos considerarmos de forma diferente e querermos ser diferentes um com o outro. Quando os alicerces cedem e o prédio cai, só podemos nos ajudar mutuamente, segurando-nos uns aos outros, com força e com amor.

Indiretamente, cada um deles estava fazendo também um percurso de transformação. Entretanto, o que se movimentava dentro de seus corações eu não sabia, pois estávamos todos nos ajustando a variáveis desconhecidas e a novas reflexões.

Cada um à sua maneira.

O que pude perceber é que Mariana estava mais agressiva e intolerante, respondia à Lúcia com nervosismo. Parecia uma criança fazendo birra. Mauro se calava e se fechava cada vez mais.

Lúcia é como o cimento que junta os tijolos. Sempre nos mantém unidos.

Eu não sabia o que fazer ou dizer; meu sentimento de inadequação e imperfeição com relação a eles continuava.

Tentando ainda encontrar um caminho para entender a reviravolta que nossa vida dera e buscar fazer diferente, fazer melhor; agora que havia ganho uma nova chance, eu buscava entender e descobrir mais sobre o verdadeiro sentido de minha vida.

No livro da doutora Silvia eu tinha lido este trecho:

> Condutas não produtivas que dificultam a chegada ao resultado desejado:
>
> A primeira é a **agitação**. Por exemplo, imagine uma pessoa que sai para uma reunião, atrasada, dirige dois quarteirões e fura o pneu do carro. Ela corre em volta do

carro feito louca, sem saber o que fazer, como um cachorro correndo atrás do rabo. Essa pessoa fica tão agitada, angustiada, nervosa que nem repara que não trocou o pneu.

A segunda conduta não produtiva é a **agressividade**. No mesmo exemplo do carro, imagine a pessoa descer do carro esbravejando, chutando o pneu, batendo a porta, como se estas atitudes fossem resolver o problema. Fica mal humorada, irritada e o pneu continua furado, ali, sem ser trocado.

A terceira conduta é o **pensamento negativo exagerado**, que acontece quando a pessoa desce do carro e aí fica pensando, "Será que o estepe está furado? Será que o macaco está funcionando? Será que vou ser assaltada?" Ela aumenta tanto o problema que se esquece do original, o pneu furado, e não toma nenhuma providência para trocá-lo.

A quarta conduta é a **passividade**. A pessoa desce do carro, olha o pneu furado, senta e diz: "Alguém vai parar e trocar esse pneu para mim". E passivamente espera por soluções mágicas. "Algo vai acontecer, alguém vai resolver o meu problema." E deixa de criar uma ação eficaz naquele momento.

Parecia que o livro havia me escolhido como exemplo, pois estas condutas não produtivas eram comuns no meu dia a dia, tanto no âmbito pessoal quanto no profissional. Estava mostrando os meus comportamentos habituais: agressivo em uma situação, passivo ou ansioso em outra.

Na empresa, por exemplo, tinha muito medo de correr riscos. Depois da morte do meu pai, tornei-me muito conservador na gestão dos negócios. A conduta não produtiva de ***pensamento negativo exagerado*** era a que norteava as minhas decisões. O meu freio de mão estava puxado e isso exigia de mim mais esforço nas atitudes. Vivia cansado, e alternava períodos de passividade com períodos de agitação e ansiedade.

Eu me tornei um líder rígido, fechado para novas ideias e soluções e agressivo em defender a segurança e estabilidade da empresa.

Em casa, a minha ***passividade*** fazia com que não participasse das decisões de família. Mas quando ficava frente a frente com alguma decisão tomada por Lúcia, ficava irritado por não ter sido consultado.

Capítulo X

Caminhos

Às vezes ouço as pessoas dizerem que querem deletar tudo e iniciar, de novo, do zero. Mas não era isso que eu queria. Eu não queria "resetar" a minha vida. Eu não queria trocar as pessoas que estavam ao meu lado. Queria, sim, reinventar-me ao lado de quem me ama e de quem eu amo. Queria, sim, adicionar tempero à caminhada, gotas de pimenta forte num dia e caramelo, dulcíssimo, no outro. Trocar o quê? Ideias, opiniões, experiências, carinho, sugestões, afeto.

Quando, por meio deste obstáculo e interferência da vida que foi a doença, constatei conscientemente que sou mortal e que tenho um tempo finito para a minha realização na Terra, a primeira coisa que senti vontade de fazer foi resgatar os relacionamentos familiares. Compreendi que a família é o meu maior mestre e é o cenário no qual expresso as minhas maiores limitações, imperfeições e inadequações, mas é ao mesmo tempo onde posso compartilhar sentimentos de amor, intimidade e consolo.

Continuei aprendendo com meu livro.

> O conhecimento não é a parte mais importante do aprendizado, a mais importante é quando você o transforma em uma experiência significativa para a sua vida e assim ele se torna sabedoria. Saber o que fazer para ser feliz não significa que você vai ser feliz até colocar em prática este conhecimento.
>
> Quando recebemos algum tipo de conhecimento e o interiorizamos e personalizamos através da reflexão, da análise e da nossa interpretação, começamos a criar conexões sinápticas no cérebro que são ativadas através da prática daquele novo conhecimento.

No hospital, eu tive tempo para olhar dentro de mim. Tempo era algo que não me sobrava há anos. Então, se eu soubesse aproveitar bem essa pausa para desaprender vícios de comportamento e pensamento limitantes e para reaprender a viver mais presente, iria realizar um verdadeiro renascimento.

Daquela aula da vida, tão difícil de ser digerida, eu poderia sair com uma lição que iria me tornar um ser humano melhor.

No cérebro, o estímulo nervoso passa de um neurônio para o seguinte por meio de impulsos elétricos e químicos. Os neurônios se comunicam entre si através dos espaços que os separam; esses espaços são as sinapses, que permitem aos neurônios se comunicarem sem interrupções e com mais células nervosas ao mesmo tempo, criando uma rede de informações de tamanho incalculável e formando as redes neurais.

Era uma vez um camponês que precisava todos os dias atravessar uma mata fechada para buscar o leite num sítio ao lado do seu. Então, cada dia ele ia por um caminho. Numa manhã via pássaros coloridos, na outra via um pequeno animalzinho fugindo do barulho de seus pés sobre as folhas secas; chegou a ver um pequeno macaquinho. Sem contar as belíssimas bromélias que ali nasciam espontaneamente. E outras flores, folhas, plantas, árvores.

Um dia, ele resolveu abrir uma picada e passou a ir sempre por ela. A terra já batida e o mato rareado por sua faca habilidosa lhe proporcionavam uma caminhada mais confortável. Entretanto ele não via mais os pássaros e nem aquela imensa variedade de flores e de árvores. Seu "caminho" se tornou quase uma estradinha e as picadas abandonadas se fecharam.

Com as redes neurais acontece o mesmo. Com o passar do tempo, se não renovamos as nossas experiências, as redes neurais vão se tornando viciadas, assim como os caminhos que percorremos.

O nosso cérebro é estruturado para absorver informações novas, elaborá-las e integrá-las. Quando não aprendemos nada novo, não mudamos velhos hábitos, não enriquecemos o nosso cérebro com novas informações e experiências, as suas conexões neurais se tornam fixas, cheias de programas de comportamentos automáticos que não são mais úteis à evolução. Entramos na trilha do boi.

Criar novas redes neurais é um exercício que exige esforço, vontade, tempo e comprometimento contínuo e constante.

Se continuarmos sempre na mesma "trilha", as redes neurais não se modificam e se tornam rígidas. Em algumas situações podemos chegar a não ter consciência da ação e reagir automaticamente na base da programação da rede neural.

Precisamos interromper estes circuitos neurais utilizados por muito tempo, habitual e automaticamente. É como se estivéssemos no piloto automático, repetindo e não pensando e sentindo.

Ficamos restritos à trilha do boi. Você já viu, nos morros, aquela trilha marcada e pisada pelo gado? Chova ou faça sol, os bois seguem o mesmo caminho todos os dias.

Mudar um hábito de pensamento, percepção, ação e comportamento de forma repetida e sentida é o que fortalece as novas redes neurais, permitindo a transformação e consequentemente a percepção do mundo e de nós mesmos.

Viver novas experiências ou viver as mesmas, mas de outras formas, renova nossas redes neurais, modifica nossa mente e com isso incrementa a capacidade de inovar, criar e conceber novas possibilidades e realidades.

Pensei nas minhas trilhas do boi. Quantas vezes abandonei as trilhas que achava "difíceis" para me acomodar no torpor dos velhos e conhecidos caminhos a que já estava acostumado, mesmo que me distanciassem da alegria de viver e da plenitude do meu ser.

Precisei de um evento como a doença para direcionar a atenção em mim mesmo e me enxergar. Fui fortemente "convidado" pela existência a me questionar de verdade e a perceber como meus pensamentos, comportamentos, decisões, emoções e meu corpo estão interligados e se influenciando mutuamente.

CAPÍTULO XI

Perdi Meu Guarda-Chuva

Nos dias após a cirurgia, vivia pelo mesmo "motivo" pelo qual a água flui, o sol brilha, a chuva cai, a flor desabrocha, o pássaro canta... quer dizer, apenas sentir fluir a energia da vida dentro de mim, sem propósitos complicados ou significados elaborados. Concentrava-me somente em viver.

Fiquei no hospital ainda um bom tempo. Tudo era uma incógnita, tanto para mim quanto para os meus médicos, que não sabiam ao certo como o meu corpo iria reagir.

A doutora Silvia sempre foi muito profissional e disponível para tirar as minhas dúvidas. Quando ela vinha me visitar, ficava para conversar um pouco comigo:

– Marcos, imagina o seu cérebro como a despensa de alimentos da sua casa. Se deixarmos de lado certos alimentos, eles acabam vencendo, ou seja, perdem o prazo de validade e, em seguida, vão para o lixo.

Se resolvermos deixar de lado certos procedimentos mentais, as redes neurais envolvidas não serão utilizadas e nem fortalecidas, como nós fazemos ao utilizar apenas alguns alimentos da despensa, descartando outros. E, continuando a metáfora, você, Marcos, sabe quem escolhe quais alimentos (pensamentos) ficam ou não na sua despensa?

– Posso responder superficialmente que somos nós, todavia imagino que isso não diga muita coisa...

– Fiz essa pergunta para chegar a um ponto importante neste momento e, considerando os seus comentários e reflexões, acredito seja a hora. No livro você se deparou com a informação da plasticidade do nosso cérebro para mudar e criar novas redes neurais e assim transformar pensamentos, sensações, comportamentos, conseguindo resultados reais, efetivos e por fim modificando nossa mente.

Entretanto, existe mais um "personagem" importante a ser apresentado neste contexto. É o aspecto do "somos nós" que você falou e que é representado pela nossa consciência. É graças a ela que podemos escolher nossos pensamentos, observar a nós mesmos, a nossa vida e perceber o mundo.

A consciência utiliza o cérebro para se manifestar, e o resultado é o que chamamos de mente.

Podemos expandir a nossa consciência, através da prática da observação, da contemplação, da reflexão, da meditação, da concentração, treinando focar a nossa atenção direcionada. Ela tem uma grande importância na criação e consolidação de conexões cerebrais fortes. Sem nossa atenção ao estímulo (informação ou atividade), os neurônios não formam conexões neurais importantes.

Para ficar mais claro, vou te contar uma história:

Um discípulo seguia as lições de sabedoria do mestre há vários anos. Estava chegando o momento de ele se submeter a uma prova para se tornar também mestre. Ele teria que responder a uma só pergunta que iria verificar o resultado do seu aprendizado.

Na hora da prova chovia muito, e ele foi até o templo com o coração batendo mais forte. Ao entrar, deixou as sandálias e o guarda-chuva do lado de fora.

Quando abriu a porta viu duas cadeiras no centro da sala e receou que ali estivesse a questão a ser definida: em qual dos dois lugares se sentaria? Ansioso, sentou-se numa delas e esperou apreensivo a entrada do mestre, que se aproximou e sentou na outra cadeira.

Por um momento o discípulo se tranquilizou, acreditando ter se sentado no lugar correto. Após ter prestado seus respeitos, o mestre perguntou:

– De que lado das suas sandálias você deixou o guarda-chuva no lado de fora? À direita ou à esquerda?

O discípulo estava preparado para responder sobre os feitos dos mestres, dos sábios, homens santos, sobre o Tao, sobre o Zen, mas aquela pergunta???

O coração do discípulo se encheu de mágoa, rancor e um forte sentimento de incompreensão. Ele não se lembrava de qual lado estava o seu guarda-chuva.

Ele respondeu ao mestre:

– Não sei. Poderia adivinhar, mas a verdade é que não lembro.

O mestre lhe disse:

– Agora vá, e medite por mais sete anos.

– Sete anos! Apenas por essa pequena falta?

O mestre, com muito amor, respondeu:

– Essa não foi uma falta pequena. Enganos não são grandes nem pequenos. Como você espera se tornar mestre de alguém se não tem domínio sobre sua atenção e consciência dos seus atos mais simples e rotineiros?

O discípulo compreendeu a grande lição, agradeceu o mestre e se retirou em paz e com amor no coração. Passados sete anos, ele voltou e se tornou um grande Mestre.

E com esta história a doutora Silvia saiu e me deixou pensando: "*Onde deixei o meu guarda-chuva?*" Parecia tão simples a resposta, mas a verdade é que eu estava compreendendo que tudo aquilo que é simples exige o nosso melhor e que a soma das pequenas desatenções, dos "tudo bem" e "tanto faz", pode levar a um caminho sem volta.

Um pequeno erro na rota de voo de um avião pode ser fatal, e, se não for corrigido durante a viagem, ele vai aumentando e o objetivo acaba ficando muito distante e inatingível.

Viver de uma forma consciente requer atenção e atitudes coerentes com o resultado escolhido.

Eu estava mudando a percepção de mim mesmo, sentindo que todo ser humano possui a capacidade de influenciar a realidade, fortalecendo a mente e modificando a si mesmo.

Naquele hospital, eu estava redecidindo a minha vida.

CAPÍTULO XII

Enquanto Espero... Lembro

Já estava me levantando e caminhando com mais segurança. Alegrava-me poder ficar sentado olhando pela janela do meu quarto do hospital. Meus olhos iam tão longe quanto minhas recordações. A vista era bonita, parecia o verde da minha infância, tempo em que nas cidades ainda se podia jogar futebol nas ruas.

Já que ainda estava proibido de fazer qualquer viagem física, eu viajava nas minhas lembranças e na leitura do meu livro.

Nele encontrei um trecho que fala exatamente disso:

> Todas as nossas lembranças incluem emoções e sensações ligadas a experiências. Quando relembramos, sentimos as mesmas sensações e ativamos a mesma rede neural do passado, liberando as mesmas substâncias químicas que vão estimular o nosso corpo. Nossas recordações são sempre ligadas às emoções.
>
> Se todas as lembranças têm um componente emocional associado a elas, consequentemente podemos dizer que todos os nossos pensamentos têm uma base emocional. Repensamos as nossas recordações.

Isso me fez lembrar que ao lado da casa da minha infância tinha um campinho de terra batida, contudo meu pai não me deixava ir jogar até que eu acabasse a lição de casa. Só que, se eu fizesse a lição até o fim, o futebol já teria acabado, pois a turma ia embora cedo. Eu jogava no time "primeiro a bola e depois a lição", e ele jogava no time "primeiro a lição, depois a bola". Moral da história: eu pulava o muro escondido e ia jogar, enquanto ele estava trabalhando.

O meu estresse era duplo: tinha de tomar cuidado com o horário da volta do meu pai e com os adversários vindo em cima de mim feito tratores para chegar ao gol.

Eu era um jogador de defesa. Sempre joguei nessa posição. E isso se tornou para mim um padrão de comportamento também em outros contextos, uma tendência da minha personalidade. Nas minhas atitudes perante a vida, ficava na defesa e não atacava, protegia e não ousava.

Continuei a leitura do livro:

> Muitas das nossas recordações podemos buscá-las na nossa memória quando quisermos, pois elas são conscientes e explícitas.
>
> Temos então uma Memória Explícita ou Consciente. Nós transformamos continuamente as nossas lembranças conscientes em inconscientes. Por isso temos também uma Memória Implícita, Não Consciente.
>
> Esta memória pode nos ajudar muito quando, por exemplo, repetindo e exercitando várias vezes um tipo de capacidade, não precisamos mais "pensar" para utilizá-la, podemos colocá-la em prática sem necessidade de utilizar a mente consciente. Isso porque aquela habilidade se tornou no nosso cérebro uma rede neural automática.
>
> Sabemos bem disso ao aprender a dirigir um carro: inicialmente aprendemos e exercitamos repetidamente e conscientemente a habilidade de dirigir, utilizamos a nossa atenção, focamos intencionalmente o nosso esforço para aquela ação, até que esta capacidade se torna automática.
>
> Isso acontece também com os atletas que treinam muito e que demonstram as suas habilidades sem esforço.
>
> Contudo, a memória inconsciente pode também nos fazer reagir a um fato externo sem estarmos conscientes do porquê. Tendo reações automáticas.
>
> Todos nós temos muitos circuitos ligados às nossas lembranças inconscientes que nos fazem agir sem pensar e sem entender.
>
> O controle da decisão parece não estar em nós.

Algum tempo atrás assisti com os meus filhos ao desenho animado *Ratatouille*, e, em uma cena, um crítico de culinária come num restaurante um prato feito pelo ratinho protagonista.

Este prato lembra ao crítico a comida de sua mãe, tem um sabor de infância, de proteção, de alegria, de lembranças boas. Ele fica tão emocionado que sai dali e faz uma crítica elogiando muito o restaurante.

Passei a entender melhor as minhas reações. Aliás, percebi que vivia mais uma existência de reações que de respostas conscientes. Eu era a soma dos meus hábitos (de pensamentos, comportamentos, emoções...) e perfeitamente capaz de desempenhar mecanicamente o que devia fazer durante o dia.

Pensando bem, me tornei prisioneiro das minhas memórias inconscientes limitantes. Coloquei-as no comando. E a minha liberdade?

Quando tive a notícia da doença, a minha mente paralisou; o meu pensamento habitual parou. O choque da notícia me recolocou no contexto da minha vida e, por um instante, tomei consciência de mim naquela situação.

O medo de morrer explodiu dentro de mim.

Na verdade era medo de não ter realizado, de não ter sentido, de não ter amado, de não ter vivido.

CAPÍTULO XIII

Juntos... Somos

No início, eu imaginava que era a única pessoa a ter tumor no mundo e me sentia o maior sofredor da face da Terra. Quando consegui parar de me sentir a única vítima e olhar um pouquinho mais para além do meu umbigo, fui até a sala de quimioterapia, não como paciente ainda, mas como observador. Ao chegar, deparei-me com uma menina de dez anos chamada Cristina, o sr. João, um pai de família de 55 anos, e o Márcio, um jovem rapaz recém-casado de 28 anos. Todos estavam ali fazendo a quimioterapia, em silêncio.

Confesso que fiquei envergonhado; o sofrimento não era de minha exclusiva propriedade. Vendo essas pessoas, senti emoções intensas, de compaixão, de união, de conexão, de amor. Estávamos no mesmo barco.

Lembrei de muitas pessoas amigas ou conhecidas que estavam passando por momentos difíceis e de dor. Uma amiga que era apaixonada por uma pessoa que não podia corresponder ao seu amor, um amigo frustrado por trabalhar no que não gostava, outro que teve um casamento falido, outro que perdeu o emprego etc.

Muitos são os motivos de sofrimento, e não é prerrogativa de poucos.

Voltei ao quarto, não mais me sentindo sozinho.

Li um pouco do livro:

> Em algum momento você já bocejou quando alguém bocejou ao seu lado?
>
> Isso é o neurônio-espelho funcionando. Vamos explicar melhor. Em 1994, na Universidade de Parma, Itália,

os neurocientistas Giacomo Rizzolatti, Leonardo Fogassi e Vittorio Gallese descobriram neurônios que espelham em nosso cérebro as ações que vemos nos outros, iniciando uma espécie de simulação interna daqueles atos. A simples observação destas ações ativava as mesmas regiões no cérebro dos observadores, normalmente estimuladas durante a ação. O nome dado a estes neurônios foi "neurônios-espelho".

Eles são ativados quando alguém observa uma ação de outra pessoa, e permitem não apenas a compreensão direta das ações dos outros, mas também das suas intenções.

As emoções também podem ser espelhadas, pois, quando vemos alguém chorar, por exemplo, nossas células refletem a expressão do sentimento que pode estar por trás das lágrimas e trazem de volta a lembrança de momentos que já vivenciamos. Eles nos ajudam a compreender o que o outro está sentindo.

A essa capacidade dá-se o nome de empatia, uma das chaves para o relacionamento humano. Por isso os neurônios-espelho são também chamados de neurônios da empatia ou da compaixão.

Através dos neurônios-espelho, possuímos um mecanismo de espelhamento automático para nos colocarmos no lugar do outro, uma empatia intuitiva, rápida e espontânea.

De acordo com Rizzolatti e Craighero (2007), o que caracteriza e garante a sobrevivência dos seres humanos é o fato de sermos capazes de nos organizar socialmente, e isso só é possível porque somos seres capazes de entender a ação e a emoção das outras pessoas.

A capacidade que temos de nos identificar com o outro, em ações e emoções, abre-nos à compreensão, à cooperação e ao diálogo.

Aos poucos, eu me dava conta de que podia potencializar a ação dos neurônios-espelho ficando mais atento a quem me rodeia e tornando meus relacionamentos mais plenos e verdadeiros. Podia por exemplo me identificar mais com os meus filhos, para vê-los e ouvi-los como eles são e nas suas necessidades.

Outro trecho do livro diz:

> Não existe nada mais cruel do que sentir o que o outro sente e fazer de conta que não percebeu, por egoísmo. Tendo a atitude contrária àquilo de que o outro precisa. Fugindo covardemente do enfrentamento ao perceber o que o outro precisa.

A minha sensação ao ler essa frase foi de ter acabado de tomar um tapa muito grande.

Quantas vezes percebi a importância de algo para os meus filhos e fiz de conta que não tinha visto, pois não tinha tempo. Ou, então, sentindo a tristeza da minha esposa, nem perguntava nada para não ter o trabalho de lidar com a emoção dela. Eu estava ocupado demais.

Na minha juventude o meu pai também fazia isso. Eu achava que ele percebia como eu me sentia e do que precisava, mas ele continuava com postura distante e de dono da verdade.

Tem uma frase de Jesus que diz: "Perdoai, porque eles não sabem o que fazem". E eu me perguntava: "Será que muitas vezes sabemos o que precisa ser feito e não fazemos?"

Capítulo XIV

Melhorar Sempre

Tinha um enfermeiro que entrava no meu quarto com cara de quem comeu e não gostou, o olhar seco, os ouvidos surdos e a boca emudecida.

Torcia sempre para que eu fosse atendido pela enfermeira Vilma, uma senhora que tinha as maçãs do rosto rosadas, um sorriso que sempre a acompanhava e que sabia como deixar alguém bem.

Eu especialmente adorava ser despertado por ela pelo seu carinho e entusiasmo. Ela sempre me desejava um "ótimo dia" ou um "excelente dia". Achava muito legal, pois isso era bem diferente do usual "bom dia".

Uma vez comentei com ela:

– Vilma, como gosto quando você me cumprimenta com "tenha um ótimo dia"! É como se você me lembrasse naquele momento que tenho a possibilidade de criar um ótimo dia para mim. Sem negar as dificuldades, posso deslocar a minha atenção para a beleza da vida e ativar a força e a energia positiva dentro de mim.

– É verdade, Marcos. Eu adoro sair do usual e do repetitivo e fazer algo diferente para melhorar o humor dos meus pacientes, mesmo que seja algo pequeno e simples como desejar um excelente dia.

E esses pequenos grandes detalhes faziam uma imensa diferença!

Lembrei que há quase vinte anos eu tinha assistido a um filme. Era a história de um médico bem-sucedido e com muito prestígio. Ele tratava os pacientes com frieza, do alto de sua posição. Até que, por ironia da vida, descobriu um câncer na garganta. Então uma colega médica assumiu o seu caso e passou a cuidar dele de maneira seca e fria, como ele fazia com os pacientes. O médico, assustado, perguntou:

– Mas você não é minha amiga?

– Sim, mas agora você é meu paciente. Aliás, eu aprendi com você a manter esta postura diante deles.

O médico então sentiu na própria pele o outro lado da moeda. Sofrendo, compreendeu como havia sido indelicado e distante com as pessoas que tratava. Essa é a história do filme *Um Golpe do Destino* (*The Doctor*), feito em 1991, com William Hurt no papel principal.

Voltei a ler o livro, exatamente em uma parte que cita o grande Charles Chaplin, no discurso do Grande Ditador:

> O caminho da vida pode ser o da liberdade e da beleza, porém nos extraviamos.
>
> A cobiça envenenou a alma do homem ... levantou no mundo as muralhas do ódio ...
>
> e nos têm feito marchar a passo de ganso para a miséria e os morticínios.
>
> Criamos a época da velocidade, mas nos sentimos enclausurados dentro dela.
>
> A máquina, que produz abundância, tem-nos deixado em penúria. Nossos conhecimentos fizeram-nos céticos; nossa inteligência, empedernidos e cruéis.
>
> Pensamos em demasia e sentimos bem pouco.
>
> Mais do que máquinas, precisamos de humanidade.
>
> Mais do que de inteligência, precisamos de afeição e doçura.
>
> Sem essas duas virtudes a vida será de violência e tudo estará perdido.

Capítulo XV

Compartilhar

Minha esposa e meus filhos sempre estavam por perto. Isso me alegrava e dava forças. Mesmo sentindo que aqueles eram momentos de grande introspecção para mim, eles não precisavam ser solitários.

Minha família acompanhava os meus passos e sofria, cada um a seu modo.

Se a comunicação em geral já não é fácil, é mais difícil ainda em situações como aquela, e com as pessoas que mais amamos. Não sabemos se o que falamos vai ajudar ou piorar os sentimentos dos envolvidos, ficamos com medo de escolher as palavras e de provocar reações negativas.

Lúcia, especificamente, estava muito abatida. Perguntei como estava se sentindo e ela me respondeu:

– Está tudo bem, meu amor, não se preocupe. Só pense em ficar bem.

Só isso ela conseguiu responder. Acho que se tivesse começado a falar das suas emoções não teria conseguido se segurar e desabaria em choro. Sufocava a sua dor para me proteger.

Eu sei a quantidade de força que era necessária simplesmente para estar ali, ao meu lado, naquela situação desesperadora. Não se tem energia para mais nada, nem para conversar.

O seu silêncio, o olhar, as suas carícias e a sua simples presença me preenchiam de amor e gratidão por aquela mulher que se sacrificava por mim. Acontecesse o que fosse, ela sempre colocava sua força à minha disposição.

Naquele momento, porém, mesmo ela estando do meu lado, eu a sentia longe, distante.

Começou a crescer dentro de mim o medo de perdê-la. Por ter sido tão egoísta e fechado, não soube valorizá-la, não a protegi e não protegi o nosso amor.

Surpreendeu-me uma emoção fortíssima e inédita de querer pedir o seu perdão. Peguei as mãos dela e comecei a chorar sem me controlar, pedindo desculpas por não ter expressado o meu amor, pela incoerência e superficialidade das minhas ações, pela fragilidade de caráter como ser humano, e por tudo que as minhas palavras não sabiam expressar.

No fundo da minha impotência e fragilidade, das minhas limitações e impossibilidades, encontrei a coragem de pedir perdão a Lúcia e expressar a minha gratidão.

Disse o que nunca ousei dizer, num ato de amor que surpreendeu a nós dois:

– Querida, sinto muito, perdoe-me. Eu sei que você pode pensar que nesse momento é fácil pedir perdão. Estou em uma situação extrema, onde a arrogância não tem espaço, mas essa é a minha oportunidade e não vou perdê-la. Amanhã pode ser tarde para mim, muito tarde, para te dizer que você é a minha luz, o meu amor, a minha força. Quero que você tenha certeza do meu amor por você, e que seu coração possa se encher novamente de paz e confiança.

Você quer continuar caminhando pela vida ao lado desse desconhecido para nos redescobrirmos juntos?

Emocionada e surpresa, Lúcia me respondeu:

– Desculpe-me também, Marcos. Nós dois juntos arrastamos um amor cansado e frágil e quase o destruímos. Não tiro a minha responsabilidade. Quantas vezes me perguntava se devíamos continuar casados, mas nunca tive coragem de falar e de abrir meu coração. Era mais fácil deixar o tempo passar.

Enterrada viva no meu medo da verdade, não percebia que é a própria verdade que traz a liberdade e a transformação.

Quero, sim, caminhar ao seu lado e viver um amor que não negue as dificuldades, mas as enfrente e supere. Obrigada, meu querido, por me devolver meu sonho.

Capítulo XVI

Sabedoria e Comunicação

Na manhã seguinte, esperei Lúcia chegar como um adolescente espera a sua primeira namorada. Estava feliz em ter expressado o meu amor por ela, sem disfarce e sem permitir que o medo me sufocasse ou retraísse e me fizesse agir como habitualmente, de forma superficial e mecânica.

Quando ela chegou, me abraçou de um jeito diferente.

– Bom dia, querido, dormiu bem?

– Sim, e você?

– Muito bem. Sabe que quando acordei hoje de manhã, depois de tudo que conversamos ontem, eu me senti diferente, mais inteira e forte para passar por esse momento difícil juntos, e descobri que, para isso, e para me sustentar quando tudo parece desmoronar, é preciso acreditar novamente no amor.

A verdade nos libertou e a distância entre nós desapareceu. Com o poder transformador da verdade e com a atitude divina do perdão, havia sido concebida, no diálogo da véspera, uma nova vida para nós dois.

Naquele momento entrou o Jorge, que nos encontrou abraçados.

– Bom dia, tudo bem com vocês? – perguntou-nos.

– Tudo – respondeu a Lúcia. – Estávamos conversando como há muito tempo a gente não fazia.

– Sabe, Lúcia – Jorge comentou –, se você achar interessante, temos disponível no hospital um serviço de atendimento psicológico à família do paciente; você e os seus filhos podem usufruir desse serviço. É importante poder falar sobre o que sentimos, tememos e não entendemos.

– Obrigada, Jorge. Com certeza irei procurar o atendimento – respondeu Lúcia.

Eu contava com Jorge, que me acompanhava sempre. Ele tinha tal delicadeza e suavidade que parecia que só de ouvi-lo falar eu melhorava, e quando ele me ouvia, com a sua atenção e presença, eu me acalmava.

Ele, sim, tinha o dom da palavra, mesmo que às vezes as suas palavras entrassem como facas nas minhas feridas.

– Marcos, gostaria de te contar uma história. E Jorge começou:

Diz a lenda que um dia Deus, preocupado com a situação dos homens, enviou um de seus anjos para comunicar o que fazer para ser felizes, evitar a catástrofe ecológica, viver em paz etc. O anjo começou o caminho com a sua luz e sabedoria. Foi em todos os lugares da Terra, utilizou todos os meios que tinha à disposição, ficou muito tempo com os humanos e depois retornou ao céu. Ele estava com as asas machucadas, exausto, e Deus lhe perguntou como tinha sido a missão, se tinha passado a mensagem. "Sim", respondeu o anjo, "mas os homens não têm tempo de ouvir".

– Marcos, a palavra, ouvida com atenção, tem um profundo poder transformador! Saber ouvir é importante também para podermos criar conscientemente diálogo conosco, com os outros e com a existência.

Para ouvirmos a nossa própria palavra, precisamos de disposição interior para frear e silenciar os pensamentos e, assim, escutarmos novamente. E quando aprendemos a nos ouvir, aprendemos a ouvir os outros também.

– É verdade, Jorge, neste período em que estive aqui fiquei muito em silêncio; inicialmente forçado a isso, mas agora com mais consciência. Converso mais comigo mesmo e ouço minha voz interior, e sabe de uma coisa? É uma voz segura, amiga, confiável. Estou gostando. Realmente não me conhecia.

A doença e a possibilidade da morte trouxeram para mim um reflexo de liberdade. Liberdade de me questionar, de me permitir ser mais eu e parar de viver uma falsa identidade. Perceber que a vida não é infinita me fez querer assumir o meu lugar. Ninguém pode viver por mim. A minha vida é única, não posso trocá-la. Ninguém pode realizar no meu lugar aquilo que eu não realizei.

Mostrei ao Jorge um trecho do livro que completava o que ele havia falado:

> A palavra comunicação tem sua raiz etimológica no latim eclesiástico "communicatio", que significa "participação à mesa eucarística", e no termo latino "communicare", da "communis", "bem comum".
>
> O significado real e o objetivo da comunicação indicam algo a ser compartilhado, a ser tornado comum.
>
> A comunicação engloba todas as formas de expressão, verbais e não verbais, as quais permitem que nos coloquemos em contato com nós mesmos e com os outros, criando pontes que nos aproximam.
>
> Quem assume a responsabilidade da comunicação é o comunicador. A atenção às palavras, ao tom de voz e à expressão corporal são essenciais para o sucesso da comunicação, assim como o conceito da "flexibilidade comunicativa", que é a capacidade e a intenção do comunicador de compreender e se adaptar ao contexto situacional e ao próprio interlocutor para poder realizar uma comunicação eficaz.
>
> Por exemplo, um ato de flexibilidade comunicativa é usar uma linguagem que o interlocutor possa compreender e decodificar corretamente.
>
> Ao se deparar com a inflexibilidade do interlocutor, precisamos verificar a nossa inflexibilidade como comunicadores.
>
> Outro conceito importante é a disponibilidade emotiva interna que inclui a capacidade de reconhecer e respeitar a diversidade do interlocutor, sabendo que ele pode pensar diferente.
>
> A nossa verdade não é a verdade de todos, portanto, antes de querer ser compreendido, compreenda.

– Que legal, Marcos!... Devemos sempre lembrar que as palavras que falamos, a nós mesmos e aos outros, são como sementes, penetram profundamente e fecundam o cérebro, criando pensamentos e convicções, modificando quem somos.

– Você deve conhecer aquele provérbio chinês que diz: "Podemos escolher o que semear, mas somos obrigados a colher aquilo que plantamos".

– As nossas palavras – e aqui está compreendido todo tipo de expressão delas, no silêncio e nos gestos também – são mais que um símbolo dos nossos pensamentos, mais que um meio de trocar informações, são mais que um significado. Com as palavras expressamos as nossas intenções, manifestamos a nossa vontade, transformamos conceitos e estimulamos ações.

Era isso que tinha acontecido na última conversa com a Lúcia. Quando tivemos a coragem de realmente nos comunicarmos, sem meias verdades e subentendidos, rompemos barreiras e mudamos a direção das nossas escolhas.

Capítulo XVII

O Prazer de Imaginar

Como senti falta dos meus pais naquele momento da minha vida. Eles haviam falecido alguns anos antes. Queria ser filho novamente, ser cuidado e embalado pela minha mãe; amparado e protegido pelo meu pai.

"Nada de ruim pode me acontecer." Esta era a emoção que sentia com eles quando criança.

Queria voltar ao útero materno e renascer.

"Mãe, pai, me ajudem, quero falar para vocês o que nunca falei, abrir meu coração e envolvê-los num longo abraço", era o que eu pensava.

Estava fraco, sem forças. Em um momento de recaída emocional, sentia-me desesperado, culpado, envergonhado. Será que a doença foi um castigo pelos meus erros? Errei muito na minha vida.

Pedi ajuda ao Jorge. Conversamos bastante e ele me falou:

– Marcos, lembre-se sempre de uma frase de Santo Agostinho que diz "mesmo quando erro, existo". Sempre é tempo para reajustes de metas, correção de rotas e mudanças de atitudes.

Nós não somos os nossos erros, somos maiores que eles, e por isso podemos e devemos redirecionar o foco quando necessário.

– Jorge, quantas vezes eu quis mudar um comportamento e não consegui. Eu queria uma coisa e o meu corpo fazia outra. Quando me dava conta já tinha feito. Quantos bons propósitos, quantos "nunca mais vou fazer isso!" ou "com certeza vou fazer aquilo"... E caía de novo na repetição dos mesmos comportamentos. Até que, cansado e frustrado, nem tentava mais. "Eu sou assim", não vou mudar. E desistia.

– Marcos, vou te contar outra história:

Diz a tradição Zen que certa vez dois monges, Teruo e Ekido, viajavam juntos por uma estrada lamacenta. Uma pesada chuva caía, dificultando a caminhada. Chegando a uma curva, eles encontraram uma bela garota vestida com um quimono de seda, que precisava passar para o outro lado.

– Venha, menina – disse Teruo de imediato. Erguendo-a em seus braços, ele a carregou e atravessou o lamaçal.

Ekido não falou nada até a noite, quando chegaram ao alojamento do Templo. Então, ele não se conteve:

– Nós, monges, não nos aproximamos de mulheres – disse a Teruo. – É perigoso. Por que fez aquilo?

– Ekido, preste atenção – disse Teruo. – Eu deixei a garota lá, depois do lamaçal, e você continua carregando-a até aqui!!!

– Marcos, às vezes continuamos carregando fatos, pessoas, mágoas, rancores, tristezas, fardos enormes que não precisariam mais ser carregados e que poderiam ficar no passado. Quando cheios destes sentimentos limitantes, se queremos caminhar e correr pela vida, não conseguimos, e muitas vezes não entendemos por que não saímos do lugar. Podemos aprender a mudar, Marcos. Podemos atualizar as informações do passado e, quando elas forem inconscientes, podemos, usando uma metáfora, colocar o nosso copo de água suja embaixo de uma fonte limpa e cristalina para que a água se renove sozinha. Isso tudo através da criação de imagens mentais e exercitando a nossa mente.

Jorge me mostrou uma parte do livro da doutora Silvia:

> A nossa memória inconsciente nos "obriga", muitas vezes, a pensar e agir de forma automática. Por isso não é fácil mudar.
>
> Quando repetimos tantas vezes os mesmos tipos de pensamento (comportamento e sensações), criamos uma rede neural forte no nosso cérebro e estes programas não precisam de esforço para ser realizados. O nosso corpo já sabe muito bem o que fazer e como reagir; neste momento, ele controla a mente.

Podemos ter uma intenção consciente de querer mudar um hábito e de repente repetimos o mesmo antigo comportamento. O que aconteceu? A nossa mente inconsciente e o nosso corpo ganharam a luta contra as nossas melhores intenções.

O que fazer? Para mudar, precisamos utilizar ao máximo a nossa vontade consciente, direcionar a nossa atenção para o novo comportamento e ter uma prática mental e física persistente, constante e repetitiva para deixar novos traços permanentes em nosso cérebro. Muitas vezes fazemos poucas e fracas tentativas e, logo em seguida, desistimos.

Dentro da memória inconsciente encontramos traumas do passado, experiências dolorosas e limitadoras, feridas não cicatrizadas que precisamos trazer à consciência, cuidar e curar, às vezes, com a ajuda de um profissional especializado, pois elas sugam a nossa energia vital necessária para fazer as mudanças.

Exercitando a nossa mente, focando a atenção nos pensamentos e nas imagens mentais que queremos, sentindo a emoção envolvida, modelamos e reorganizamos as nossas células cerebrais como se estivéssemos fazendo realmente aquelas ações.

Com a nossa consciência, decidimos o que queremos mudar e criamos imagens mentais disso. O nosso cérebro não reconhece a diferença entre fazer efetivamente algo ou imaginar fazê-lo. Ele fortalece igualmente as redes neurais envolvidas.

Assim o nosso cérebro, antecipando-se sobre o ambiente através do exercício mental direcionado, pode mudar antes que as experiências externas e concretas aconteçam.

Veja-se em sua mente com as qualidades e os comportamentos que você quer. Você tem a possibilidade de se reinventar.

Lembramos da importância da componente emocional associada às imagens e de suas repetições, pois é preciso manter as informações novas e positivas o tempo suficiente para "ligar" um número suficiente de células nervosas e ativar novas conexões e criar novas sequências e esquemas mentais mais fortes.

Exercitando nossas ações antes na mente, com as imagens mentais, o nosso corpo se prepara para executá-las, criando no tempo uma união e coerência entre o que pensamos, o que sentimos e o que fazemos.

– Sabe, Jorge, considerando isso que acabamos de ler, eu utilizava muito as minhas imagens mentais negativas do passado, revia as coisas ruins que me aconteceram, relembrava conversas que tive, as pessoas que me magoaram, as dificuldades... Puxa vida, usei as imagens mentais para fortalecer o negativo!

Sinto-me como Charles Chaplin no filme *Tempos Modernos*, em que o personagem já não pensa, realiza os movimentos do seu trabalho de maneira mecânica e inconsciente, aperta um parafuso em peças que passam por uma esteira. A ação dele está tão automatizada que, quando ele vai a um bar tomar um café após o trabalho, continua repetindo o mesmo movimento de torcer o parafuso, sobre a mesa.

O meu jeito de pensar, e consequentemente agir, era como o do personagem deste filme!

– Não se desespere, Marcos, a maioria das pessoas faz isso, pois não nos damos conta de que formular um pensamento negativo ou positivo requer a mesma energia.

Com um pouco mais de conhecimento e compreensão de como nós funcionamos, podemos fazer as nossas escolhas e tomar as nossas decisões com mais consciência.

– É verdade, Jorge. Eu estava em pedaços, e a minha vida também. Provavelmente a doença que desenvolvi entrou silenciosamente pelo vazio entre esses pedaços.

Quando comecei a me conhecer mais, compreendi a urgência de entender as várias partes de mim mesmo e a necessidade de juntá-las e uni-las para, mais fortes, ir na mesma direção: em busca dos meus desejos e objetivos abandonados.

Capítulo XVIII

A Pausa

Lembrei da primeira parte da *Divina Comédia*, de Dante Alighieri, o *Inferno*, que estudei na escola e que começa com os versos:

Nel mezzo del cammin di nostra vita
mi ritrovai per una selva oscura
ché la diritta via era smarrita.

O significado dos versos é exatamente como eu me sentia: "No meio do caminho da minha vida, me encontrava em uma selva escura porque tinha perdido a direção certa".

Naquele período no hospital, tinha refletido muito sobre que direção havia tomado a minha existência, e isso me fez reconsiderar, com humildade e coração aberto, a possibilidade de aprender a mudar e a fazer diferente. Senti vontade de deixar as falsas seguranças sobre as quais construí a minha vida e olhar para dentro de mim, não só para fora.

Estava vivendo em uma prisão, mas não tinha percebido que a porta da cela estava aberta, então percebi que podia sair dela.

A doutora Silvia veio conversar comigo sobre os próximos passos do tratamento: quimioterapia e radioterapia, que começariam naquela semana.

Explicaram-me o procedimento e os sintomas esperados e inesperados que poderiam acontecer, pois também cada pessoa reage de uma maneira, e que, na quimioterapia, a mistura dos componentes químicos introduzidos no sistema sanguíneo iria destruir as células tumorais, e outras células do corpo que têm características iguais, como as da língua, dos cabelos, de outras mucosas etc.

Lembrei de quando fui até a sala da quimioterapia em que conheci algumas pessoas, entre elas um rapaz de 28 anos, o Márcio. A enfermeira, preparando o suporte de soro ao lado dele, perguntou-lhe em tom de cumplicidade: "Estamos preparados para mais uma batalha, Márcio?" E ele respondeu, firme: "Sempre".

Aquilo me tocou de um jeito especial. É emocionante o sentimento de coragem, de dignidade, de superação que pode surgir na pessoa em momentos de grande sofrimento.

Fiz minhas as palavras do Márcio.

Chegou a minha vez. A enfermeira Vilma entrou no quarto trazendo uma maquininha e uma bandeja com medicamentos. Minha mulher estava ao meu lado.

Primeiro me deram um medicamento para reduzir as náuseas e outro contra a reação alérgica ao quimioterápico. Fui ficando sonolento e com muito frio, depois comecei a tomar a químio por meio de uma agulha na minha mão. Inesperadamente senti um calorão, minha pele começou a arder e a respiração foi ficando pesada e difícil, e sobreveio um gosto ruim na boca. O remédio descia lentamente e, com o passar das horas, começou uma forte náusea. Terminada a sessão eu estava exausto, com dor no corpo inteiro.

Passei o dia e a noite com essa fraqueza, mal conseguia ficar com os olhos abertos. Simplesmente dormia, virava, dormia, acordava, girava, foi uma sensação tão ruim que o desânimo tomou conta de mim.

Esta prostração só diminuía com a chegada dos meus filhos, pois dava uma segurada na barra, fazia cara de que estava "tudo bem" e os abraçava com tanto gosto que o mal-estar se tornava mais suportável.

Queria passar para eles a coragem e a dignidade que tinha visto nos companheiros encontrados na sala de quimioterapia alguns dias antes, especialmente no Márcio.

Em uma nossa conversa, ele me falou:

– Marcos, lembre-se de que o sofrimento não é uma vergonha e a doença não é uma derrota. Não desista, continue, acredite! E que tudo isso possa fazer você cada vez mais guerreiro.

Foram muitas as reações do meu corpo, mas uma coisa me martelava na cabeça: o meu corpo, o meu corpo, o meu corpo... como não prestara atenção a ele. Quando estava bem, quase nem percebia as necessidades dele. Eu o maltratava, abusava, e só passei a perceber isso por causa da limitação e da doença. Ele se tornou o centro das atenções, pois, para fazer os movimentos mais simples, era um esforço supremo. Sem contar que o ato de comer e outros, de rotina, que fazemos normalmente, tornaram-se uma verdadeira tortura.

Foram mais quatro sessões nos quatro dias seguintes, e depois outros ciclos a cada 28 dias, e em cada uma delas eu sempre lembrava as palavras do Márcio.

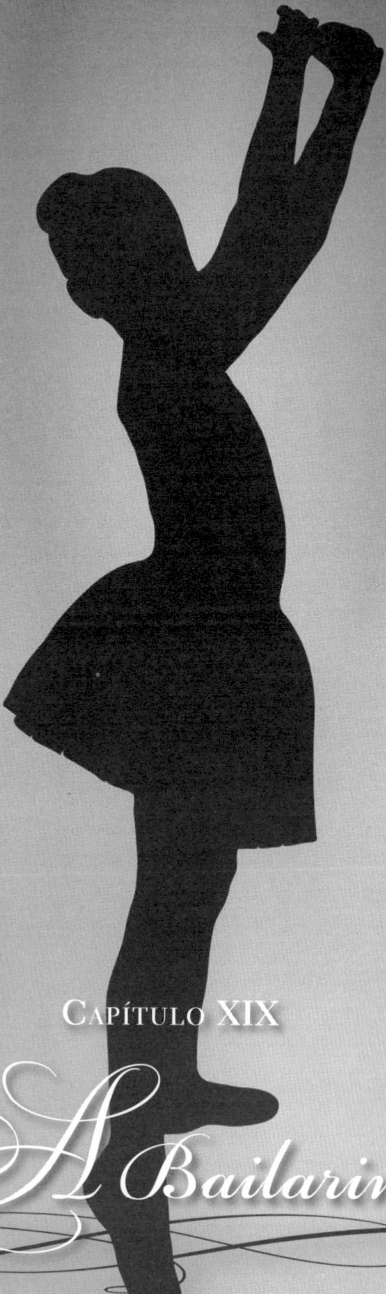

CAPÍTULO XIX

A Bailarina

Quando estamos na condição de doentes, cria-se uma espécie de sentimento de "fraternidade" e solidariedade entre os pacientes. Estamos ali vulneráveis e isso nos torna iguais.

O hospital tinha vários setores, e o mais difícil era o das crianças.

Quando me senti um pouco melhor depois da quimioterapia, fui visitar a Cris, a criança de dez anos que já tinha conhecido na sala de quimioterapia. Ela estava internada por causa da leucemia.

Desci dois andares. Quando cheguei à porta do quarto, vi pela fresta a mãe sentada ao lado da cama, e a Cris, deitada.

Bati à porta e a mãe, d. Sueli, veio ao meu encontro com um sorriso. A expressão dos olhos dela mostrava dor e resignação por um final anunciado. Mesmo com olheiras e cansaço estampados no seu rosto, ela me estendeu a mão e me convidou a entrar.

Cris estava dormindo, e pude conversar com a mãe. Ela contou como foi a descoberta da leucemia da filha e o desespero da família:

– Eu pedia a Deus que não levasse a Cris, a meu marido que não chorasse e à minha filha caçula que rezasse para o Papai do céu curar a irmã.

– E como têm sido os dias da Cristina?

– Desde o diagnóstico, esta já é a quarta internação para fazer quimioterapia. Já foram feitas várias transfusões. Certos dias me dói tanto vê-la sofrer que peço a Deus que a cure à custa da minha própria vida. Cada dia tem sido uma luta, e às vezes parece que a vida vai escapar por entre os dedos. Eu fecho a mão com força para que ela não escape. Às vezes, enquanto Cris dorme, fico olhando para ver se está respirando, e vê-la despertar animada, para mim, é uma dádiva. A Cris tem sido uma grande guerreira, tem nos ensinado a perceber a importância dos verdadeiros valores da vida. Há momentos que fico conversando com Deus e pedindo que nos permita um tempo maior com a Cris. Ela é uma criança muito amada e querida.

Neste momento a Cris foi acordando. Sentamos perto da cama e começamos a conversar.

Eu ficava olhando aquele ser indefeso, magro e pálido; disfarçava ao máximo o sentimento de impotência que sentia, e me perguntava o que será que ela estava pensando, sentindo, entendendo daquilo tudo.

A Cris sorria e estava com vontade de falar. Contou um pouco da escola, das amiguinhas, do seu cachorro, da irmã caçula... A mãe tinha nas mãos um livrinho de histórias infantis, que provavelmente lia para a menina. Naquele momento, a pequena pediu que a mãe lesse para mim a poesia de que mais gostava:

A BAILARINA

Esta menina
tão pequenina
quer ser bailarina.

Não conhece nem dó nem ré
mas sabe ficar na ponta do pé.

Não conhece nem mi nem fá
Mas inclina o corpo para cá e para lá.

Não conhece nem lá nem si,
mas fecha os olhos e sorri.

Roda, roda, roda, com os bracinhos no ar
e não fica tonta nem sai do lugar.
Põe no cabelo uma estrela e um véu
e diz que caiu do céu.

Esta menina
tão pequenina
quer ser bailarina.

Mas depois esquece todas as danças,
e também quer dormir como as outras crianças.

Cecília Meireles

Enquanto a d. Sueli lia o poema, eu olhava com carinho para a Cris e pensava "meu Deus, quantos sonhos estão no coração desta garotinha, quantos desejos estão além dessa cama e deste quarto".

Quando terminou o poema, aplaudi e elogiei d. Sueli pela forma como o recitou. Disse a Cris que ela logo estaria como a bailarina, dando piruetas por aí. Olhei para a mãe e vi no olhar dela que a esperança diminuía.

Depois de me despedir, voltei ao meu quarto com muito mais perguntas do que respostas. Coloquei-me diversas vezes no lugar da mãe da Cris. Se estivesse na situação dela, como eu olharia para os meus filhos? Como abraçaria cada um deles?

Estava exausto. Não era um cansaço físico, era um aperto no peito que me esmagava. Por um instante fiquei em silêncio, e lágrimas brotaram dos meus olhos. Deitei e afundei a cabeça no travesseiro.

Capítulo XX

A Saída

O encontro com a Cris me abalou; fiquei triste e desanimado, revoltado e prostrado. Diante de seu pequeno corpo sofrido, não encontrei explicações nem consolo para aquela aparente monstruosa injustiça. Eu, no fundo, já tinha vivido uma parte da minha vida, tive filhos, esposa, sonhos realizados. Ela, não.

A inocência e a doçura nos olhos dela me deixaram de joelhos, sem palavras, emudecido.

Não sei mais o que valia a pena pensar ou fazer. Estava diante de algo maior do que eu. Ou aceitava ou enlouquecia de dor.

Jorge estava sempre disponível quando eu precisava de ajuda – e naquele momento eu precisava. Nada me confortava. Só esperava me consolar com as palavras dele, pois parecia que naquele instante nada fazia sentido.

Ele veio e, como se fôssemos o melhor amigo um do outro, e não paciente e psicólogo, começou a falar e me contou da vida dele quando criança no interior. Ele morava em uma chácara, tinha vacas, galinhas, porcos e perus.

Ele me disse:

– Sabe que se você rabiscar um círculo no chão em torno de um peru, esta ave tão conhecida não o ultrapassará. O círculo no chão é suficiente para mantê-lo preso; para ele, é uma barreira. Se não apagar o traço, ele ficará ali até a exaustão, ou até que a fome lhe confira coragem para andar até o alimento.

– Não entendi, Jorge!

– Estou querendo dizer que o desafio do ser humano é parecido com o do peru: sair do "círculo" das ilusões, dos medos, das limitações, que o "prendem" a uma existência miserável.

Precisamos nos conhecer melhor para não achar que os "riscos no chão" da vida sejam mais fortes do que a nossa vontade.

E, quando começamos a sair do "círculo do peru", percebemos que existe um mundo em volta, que roda, que vibra, que pulsa e que tem muita gente além de nós.

Começamos a olhar ao nosso redor e perceber melhor as pessoas, senti-las mais, entendê-las mais, respeitá-las mais, até conseguir acolher os sentimentos delas e, então, concebemos uma nova ligação, um novo relacionamento e transformamos o outro em nós mesmos e nós mesmos no outro. Não foi assim que você se sentiu quando foi visitar a Cris está certo, é isso mesmo.?

– Foi sim, foi sim... Só não teria conseguido expressar o sentimento tão bem quanto você fez. Obrigado, Jorge, nós nos veremos amanhã.

Quando ele saiu, continuei a leitura do livro e encontrei mais informações preciosas:

> Os nossos pensamentos e estados mentais, que em parte herdamos dos nossos antepassados e em parte criamos através das nossas experiências, definem em que acreditamos. Às vezes, as nossas crenças se tornam mais fortes que a própria realidade, levando a pessoa a viver em um mundo "virtual".
>
> Podemos mudar os programas inconscientes da nossa mente através das imagens mentais, das quais já falamos, através do aprendizado de novos conhecimentos e da vivência de novas experiências.
>
> Quando vivenciamos algo novo, os neurônios do cérebro se organizam em conexões neurais que refletem a experiência e produzem sensações específicas, que nos ajudarão depois a relembrar a experiência.
>
> Outra forma de mudar nossa mente é através da atenção direcionada, como nas práticas de meditação, nas quais treinamos a nossa mente a se concentrar e a educamos a se acalmar, retornar para dentro de si, expandindo a percepção de nós mesmos.
>
> Como já vimos, a mente é maleável graças à plasticidade do cérebro. Se a "educamos", podemos direcioná-la conforme nossas escolhas.

Nós nos tornaremos assim a "causa" dos "efeitos" vivenciados na realidade. E não o contrário. Assumindo a nossa capacidade de determinar os resultados, criamos aquilo que ainda não existe.

Quantas vezes resisti a experimentar algo novo, mesmo nos fatos mais simples da vida. Não provava certas comidas e não gostava, não lia certos livros e os detestava, não assistia a alguns filmes e os achava péssimos, não fazia aquela viagem e a achava chata... Eu era como o piruá daquele maravilhoso conto de Rubem Alves, *Pipocas e Piruás*:

As grandes transformações acontecem quando passamos pelo fogo.

...O fogo é quando a vida nos lança numa situação que nunca imaginamos: a dor. Pode ser fogo de fora: perder um amor, perder um filho, o pai, a mãe, perder o emprego. Pode ser fogo de dentro: pânico, medo, ansiedade, depressão ou sofrimento, cujas causas ignoramos. Há sempre o recurso do remédio: apagar o fogo! Sem fogo o sofrimento diminui. Com isso, a possibilidade da grande transformação também.

Imagino que a pobre pipoca, fechada dentro da panela, lá dentro cada vez mais quente, pensa que sua hora chegou: vai morrer. Dentro de sua casca dura, fechada em si mesma, ela não pode imaginar um destino diferente para si. Não pode imaginar a transformação que está sendo preparada para ela. A pipoca não imagina aquilo de que ela é capaz. Aí, sem aviso prévio, pelo poder do fogo, a grande transformação acontece: BUM! E ela aparece como uma outra coisa completamente diferente, algo que ela mesma nunca havia sonhado.

Bom, mas ainda temos o piruá, que é o milho de pipoca que se recusa a estourar. São como aquelas pessoas que, por mais que o fogo esquente, se recusam a mudar... A presunção e o medo são a dura casca do milho que não estoura. No entanto, o destino delas é triste, já que ficarão duras, a vida inteira. Não vão se transformar na flor branca, macia e nutritiva...

Escapar de velhos e preestabelecidos esquemas de comportamento tornou-se a minha meta. Se continuasse fazendo a mesma coisa, meu resultado seria igual ou, mais provavelmente, pior.

Quando vivemos na inconsciência do "piloto automático", a tendência é dar passos cada vez mais distraídos.

A vida estava me dando uma nova chance para romper aquela casca dura em que eu havia me envolvido e me convidando a deixar aflorar a minha essência verdadeira. Finalmente, eu estava compreendendo.

Um sentimento de gratidão tomou conta do meu coração, e uma lágrima rolou sobre meu rosto, como que para firmar meu compromisso com a vida.

Capítulo XXI

A Flor de Cerejeira

Após as primeiras sessões de quimioterapia, eu estava me sentindo como o próprio peixe marlim-azul, típico de águas profundas, que, quando fisgado, dispara para o fundo do oceano e pode chegar a vomitar o estômago para se livrar do anzol.

Desde que cheguei ao hospital, vivi um ciclo de medo, um ciclo de pós-operatório bravo, o tempo dos analgésicos pesados e depois a era da quimioterapia. Falo em era, porque foi o tempo que me pareceu mais longo. Quase um século!

Estava já me acostumando ao hospital. No início eu pensava todo dia em ir embora. Era quase uma obsessão. Depois fui me adaptando às lacunas que uma vida de internato acarreta.

Inesperadamente, a doutora Silvia me comunicou que eu iria ter alta em poucos dias. E só voltaria ao hospital para as sessões de quimioterapia que faltavam.

Fiquei muito feliz. Era um sonho que eu não podia descrever com nenhum adjetivo, o maior da minha vida naquele momento.

Parecia incrível que iria passar o resto da minha convalescença em casa. Quantas vezes eu havia chorado, com medo de que o dia de voltar para o meu lar não fosse chegar...

Porém estava também apreensivo. Sentia-me como um bebê que, depois de aprender os primeiros passos, quer andar sozinho, entusiasmado, mas ainda com medo.

Depois de uma operação para tirar um tumor do cérebro, quem não tem medo e vontade de chorar ao ouvir que vai ter alta?

No dia em que eu sairia do hospital, Jorge foi me ver com os últimos conselhos.

– Marcos, você foi capaz de enfrentar e superar momentos muito difíceis aqui. Questionou velhos modelos de pensamento, crenças e valores. Você é capaz de promover as mudanças que pretende em sua vida! Você pode e merece.

Lembre-se: aceite que você não sabe tudo, não aprendeu tudo, e não se feche para a aprendizagem de novos hábitos e conceitos, sejam eles simples ou complexos. Desde mudar o comportamento para com a família até aprender a usar um talento que vai te desenvolver como pessoa e como profissional.

Adquira a capacidade de conviver com as pessoas sem achar que você é o dono da verdade e que pode ensinar tudo a todos. Aprenda a ouvir e a enxergar as pessoas que estão ao seu redor. Você vai se surpreender com as lições e os aprendizados.

Transforme os pontos fracos em pontos fortes; jamais os jogue para baixo do tapete. Tenha coragem de encará-los, de olhá-los de frente.

Jorge me deu um forte abraço, despediu-se e saiu do quarto.

Nessa parte da trajetória da minha vida, eu começava a expandir a compreensão de mim mesmo.

Hoje sei que, mesmo que variáveis externas possam influenciar, sou eu quem dá forma ao meu destino. "Sim! Eu transformo a vida."

Mudando internamente, experimento novos e desconhecidos patamares da existência. O fazer segue o ser. E o meu ser está mais forte, centrado e coerente.

Quem eu sou ninguém foi antes, cada indivíduo é um maravilhoso ser único. Mas também não sou agora quem fui antes. Estou em contínuo acontecer, recriado a cada respiração.

Eu poderia ter continuado a me movimentar na superfície da minha existência até o fim dos meus dias, poderia continuar a respirar, comer, trabalhar sem nunca entrar na profundidade da minha consciência. Mas assim eu teria perdido a dádiva de viver, não apenas sobreviver, de crescer e não apenas envelhecer.

O encontro com os meus companheiros de viagem do hospital – a Cris, o sr. João, o Márcio e outros pacientes, Jorge, a enfermeira

Vilma, os médicos, a doutora Silvia – foi uma experiência de indivisibilidade e de união permanente com eles.

Eu os envolvi, na minha mente, em um único abraço, e uma intensa emoção tomou conta de mim. Era amor... por eles, por mim, pela minha família, pela humanidade, pelo mistério da existência.

Encontrei no livro esta definição de AMOR:

> A palavra AMOR em sânscrito se compõe de um "a", de ausência, e de "mrityo", de morte. Ou seja, nesse idioma, a palavra "a-mor" significa "aquilo que não morre", "aquilo que distancia a morte". Era assim que eu me sentia... distanciando a morte. E não me refiro só à morte física, mas especialmente às mortes simbólicas da vida:
>
> A morte mental, quando o pensamento é repetitivo e estamos fechados a novos conhecimentos, reféns dos preconceitos.
>
> A morte atitudinal, quando temos ações incoerentes e distantes dos nossos anseios e não criamos coragem para agir diferente.
>
> A morte emocional, quando deixamos que sentimentos limitantes do passado poluam o nosso modo de sentir, falsificando as emoções do presente.
>
> A morte espiritual, quando nos percebemos só como um corpo e uma mente e não nutrimos a dimensão espiritual da vida.

Estava pronto para ir para casa. Minha realidade, a partir daquele momento, seria outra. Eu queria viver intensamente com as crianças, com Lúcia e até com o nosso cachorro, o Táxi (ele tem esse nome porque veio de táxi para casa, e a gente gritava "o táxi chegou, o táxi chegou...").

Enquanto aguardava junto da janela, ansioso, minha família chegar, eu lia um pouco mais do meu querido companheiro de aventura, meu livro:

> Antigamente as fortalezas eram cidades inteiras delimitadas por uma grande muralha circular. Tinham casas, igrejas, padarias, açougues e até cemitérios. Existem pessoas que

vivem sua vida se defendendo dentro da fortaleza emocional que construíram dentro de si.

Este tipo de indivíduo reina solitário dentro de suas muralhas. Ele acaba por viver tristemente ali trancado e isolado em seu castelo de insatisfação, às vezes vivendo a depressão, a tristeza e a infelicidade.

Chega um momento em que o senhor deste castelo só enxerga muralhas e não mais horizontes, e a vida passa a ser apenas o que acontece dentro da fortaleza. E quando alguém tenta entrar no seu espaço bem protegido, para ele é uma verdadeira ameaça, um perigo.

Esta pessoa sabe que pode sair daquela fortaleza, passar pelo portão, ir além da muralha. Porém, está refém das próprias respostas habituais, dos programas já instalados, do medo de ousar, arriscar e de enfrentar o desconhecido.

Ficando confortáveis no conhecido, automático e habitual, perdemos a possibilidade de evoluir, crescer, progredir, identificar os nossos objetivos e propósitos de vida e de mudar o comportamento para realizá-los.

Pelo medo de errar, para não se frustrar e por acreditar que as próprias limitações são intransponíveis, acabamos por não agir e não tomar atitudes e decisões, mesmo que isso signifique viver o que não se quer e se subjugar a uma realidade não escolhida.

O questionamento pessoal é básico no caminho da realização:

Onde eu me encontro?

Para onde quero ir?

Que direção escolho?

O que preciso fazer ou deixar de fazer?

Minha mulher e meus filhos chegaram. Eu estava muito feliz. Nós nos abraçamos, rimos e assim saímos pela porta do hospital, debaixo dos olhares satisfeitos de meus companheiros de jornada, que fizeram questão de vir se despedir.

No carro, voltando para casa, o meu pensamento vagava. Sabia que teria muitos desafios pela frente, mas algo dentro de mim queria crescer, se expressar e evoluir.

Queria transformar a volta para casa em um momento significativo do meu compromisso com a mudança, a saúde e a felicidade. Confirmei a decisão de sair dos "estados mentais" viciados para mergulhar em outros livres e verdadeiros.

Na frente da porta de casa, parei, fechei os olhos e visualizei uma imagem maravilhosa da minha flor preferida: a flor de cerejeira, flor símbolo do Japão.

O seu significado é muito intenso: o florescer da árvore de cerejeira é a manifestação da beleza e da pureza, entretanto, as flores são frágeis, desabrocham em um dia e pouco tempo depois são espalhadas pelo vento.

A flor de cerejeira é o símbolo e a lembrança da beleza, da fragilidade, da impermanência e da finitude da vida e de novos começos.

Com os olhos fechados e a flor na minha mente, acolhi o significado na minha alma: despertar a consciência e viver a beleza do presente em comunhão com o universo.

No aconchego do meu lar, viverei a esperança e a nova chance de recomeçar.

Beijei Lúcia e as crianças. Respirei fundo, abri os olhos, dei um passo, entrei em casa.

CAPÍTULO XXII

A Volta para Casa

Quando entrei, tive a estranha sensação de que era uma nova casa, maior, mais luminosa, aconchegante...

– Você mudou os sofás e o tapete, Lu?

– Não, Marcos, não mudei nada.

– Pintou as paredes da mesma cor, mas pintou. Ou foram as portas e janelas?

– A casa está exatamente como você deixou.

Parecia que era a primeira vez que eu entrava naquela sala, naqueles quartos, naquela cozinha. Nos últimos anos eu olhava para aquele cenário, mas não o enxergava de verdade e não via as pessoas que ali estavam.

Familiarizado e acostumado com o contexto cotidiano, não percebia mais a sua beleza e aconchego e quanto isso era importante para mim.

Quando foi que enxerguei de verdade e com atenção minha esposa e meus filhos?

Parecia que um véu tinha sido tirado da frente dos meus olhos e não podia mais fazer de conta que não estava percebendo o que acontecia ao meu redor.

Desacostumar-me a ver a realidade e as pessoas como de hábito, sem nenhuma atenção e com prejulgamentos, era agora a minha vontade.

Lembrei das palavras de Jorge. Várias vezes ele me falou que a realidade é construída primeiramente dentro de nós e, onde quer que nós estejamos, podemos perceber os acontecimentos da vida como uma oportunidade, ou como uma ameaça.

"Se acreditamos que a beleza do pôr do sol é a causa da felicidade, estamos enganados. Ela pode ter criado a situação e a condição propícia, mas não é a causa. O sentimento vem de dentro de nós, que somos a causa dos efeitos vivenciados na nossa vida", ele dizia.

Eu sei que a partir dessa minha volta para casa seria preciso passar da teoria para a prática e exercitar aquilo que aprendi e ainda aprendia com o livro e com a ajuda de Jorge. Mas a minha intenção de mudar estava firmemente alicerçada e com raízes fortes na minha alma.

Minha prioridade era, sem dúvida, o relacionamento com Lúcia e os meus filhos. Precisava resgatar o nosso amor e refazer os laços que nos uniam. Durante muito tempo fui distante e implicante com eles. Difícil era me entender, especialmente com as crianças. As minhas atitudes disparavam reações negativas neles. Eu tinha transformado o meu casamento e os meus filhos, que eram um sonho, em interferências na minha vida.

Tenho que confessar que, antes de ficar doente, eu andava implicando com a minha filha, porque ela tinha já idade para sair com as amiguinhas, arrumar namorado, e eu, como um pai "à antiga", regulava e implicava com isso. Imaginava que a estaria protegendo, mas não era bem assim. Eu andava cerceando os passos da menina e nem pensava em entender as suas preocupações e necessidades. Dava ordens e nada mais. Não deixava ir aqui ou ali, e ponto. Não tinha nem mas, nem porém, nem todavia, nem contudo. Não aceitava argumentos. Não deixava porque tinha medo de que ela fosse ferida pela vida.

Mas comecei a entender quanto estava errado, e a primeira atitude que queria tomar era ter um longo diálogo com minha filha. Dizer a ela, antes de tudo, que a amo, olhando em seus olhos. Com toda a minha atenção voltada para o que ela estivesse sentindo e vivendo, desejava dividir com ela as dúvidas, os questionamentos e os medos que pairam sobre uma garota de quinze anos.

Queria ter paciência e amor suficientes para enxergar e respeitar os problemas dela como reais e efetivos que são nessa idade.

Tudo o que eu queria a partir daquele momento era devolver à minha família o lugar de absoluto destaque em meu coração e em minha vida, de onde eu jamais deveria tê-la tirado.

Capítulo XXIII

O Trem da Vida

Recebi um telefonema que mexeu muito comigo. A doutora Silvia me avisou que o Márcio, o rapaz de 28 anos que conheci no hospital, não suportou a doença, o tratamento, as dores, a fraqueza e partiu.

A vida dele terminou, foi curta. Fiquei imaginando a sua esposa e os sonhos que não iriam se realizar, os desejos que não iriam se cumprir. Senti um profundo vazio.

A única certeza que temos na vida é que vamos morrer. E não sabemos quando esse encontro com a morte acontecerá, pois não tem aviso prévio.

Eu temia que dentro de dois ou três anos o tumor me levasse, mas sabia que, se ficasse preso a esse medo, iria acabar vivendo como um morto em vida, antes que a doença efetivasse seu serviço.

Por isso, entendia que o melhor dia para criar um momento único é hoje. O melhor dia para dizer quanto você ama alguém é hoje; para ser feliz e sentir prazer, é hoje.

Fui ao encontro dos meus filhos e os abracei como se fosse a primeira vez que os tivesse nos meus braços, como se não existisse o amanhã, sabendo que a ocasião para oferecer o melhor de mim era aquela, naquele momento em que a vida nos dava o prazer de estarmos juntos. Na verdade, tudo o que importa é a intensidade e a profundidade com que escolhemos viver.

Às vezes, eu tinha uma sensação de ser insubstituível, como se a existência fosse parar caso eu morresse. Agora eu sei que ela prossegue com ou sem cada um de nós.

O que torna a nossa vida especial é como decidimos viver cada instante do nosso caminho aqui na Terra.

Pensando no Márcio, aquele companheiro de viagem, assumi com mais determinação meu compromisso de viver, de experimentar os momentos com aquele gosto de "novo" e de prazer, como uma criança concentrada e comprometida com a sua brincadeira.

Entendi que a vida passava diante de mim como um trem, e me dei conta de que ou eu entrava nele ou ficava vendo-o passar. Às vezes, a viagem é curta, outras vezes é mais longa, mas, para viver, é preciso embarcar no trem.

A morte do Márcio foi uma tempestade em um momento de muita fragilidade minha, que se juntou à doença, ao susto, à quimioterapia, à radioterapia, à insônia, à volta para casa, à carga da nova adaptação, à necessidade de compreender e de ser compreendido, à luta interior, à empresa em mãos estranhas, à minha vida de cabeça para baixo... UFA!

Mas eu estava firme e forte e junto da minha mulher e meus filhos. As subidas e descidas de montanhas-russas, de fraqueza e vigor, de pranto e sorriso, de bom e mau humor nos permitiram expressar o melhor de cada um de nós. Reparem que falei no plural porque eles participavam, tanto quanto eu, dessa nova realidade, e, juntos, estávamos aprendendo a lidar com ela.

Pessoalmente, estava sentindo maior integração entre os meus pensamentos, emoções, atitudes e, mais do que tudo, a minha alma. Lembrava sempre que a palavra desânimo significa "sem alma" e que a minha estava presente e consciente do propósito maior que criei para a minha vida.

Capítulo XXIV

A Plenitude

Sentado na sala de casa vi, de repente, Mauro chegar da escola. Eu estava morrendo de saudades dele e o recebi em um abraço bem apertado. Senti um impacto forte no nosso encontro. Ele me olhou nos olhos e me perguntou:

– Pai, você não vai mais morrer?

Lembrei de uma cena do filme *Click* em que o pai, no mesmo instante em que diz para a filhinha que vai viver duzentos anos, percebe que não pode mentir para ela. Sentei-me melhor no sofá e respondi:

– Um dia eu vou morrer, meu filho, mas, antes de esse dia chegar, vamos ser muito amigos e fazer muitas coisas juntos.

Ele me deu um beijo rápido e foi para o quarto. Fiquei ali, pensativo, e lembrei da minha mãe, que um dia me disse:

– Faça o possível para acreditar sempre em dias melhores, meu filho. É comum ouvir a frase de São Tomé "ver para crer", mas para se "antecipar ao futuro" eu acredito na frase "creia e verás". Se você acredita, vai ver. Se acreditar, vai realizar e alcançar o sucesso. A minha mãe, dentro da sua simplicidade, sempre foi muito sábia.

Que saudade sentia dos meus pais.

Aproveitei a calma na sala para dar uma olhada no meu livro:

Qual a diferença entre felicidade e alegria.

Felicidade é um estado de espírito que acontece quando temos consciência de que a vida é um milagre e usufruímos dela plenamente.

A felicidade é uma emoção ligada a nossa consciência de ser e de existir.

Assim começamos a nos tornar coerentes em satisfazer nossas necessidades internas, de descoberta de nós mesmos, de amor, amizade, união com o universo e espiritualidade.

Alegria é quando colocamos o foco em satisfazer as nossas preferências; por exemplo, quando compramos um carro que sempre desejamos, ficamos alegres.

Podemos utilizar nossa energia para saciar nossas preferências materiais sem esquecer também das necessidades internas.

Assim chegamos à PLENITUDE, quando satisfazemos as preferências e as necessidades; quando sabemos lidar com o tangível que é a nossa vida material e o intangível das necessidades internas e as equilibramos.

Não demorou e Mariana também chegou da escola e veio me dar um beijo no sofá da sala.

– Oi, pai, que bom ter você em casa novamente.

Eu tremi de emoção e de medo. Medo da relação franca, interativa, que desejo manter com ela. Medo de ser verdadeiro nas minhas emoções, me entregar sem controlar ou disfarçar.

Aquele era o momento. Enquanto ela estava saindo do abraço, eu a segurei e falei:

– Filha, amo você. Você é especial para mim e tenho um grande orgulho de ser seu pai.

Ainda as palavras não fluíam totalmente como eu queria, e havia muitas coisas mais que desejava falar para ela, mas já era um lindo começo para mim, pois passei minha vida fugindo para o trabalho para não ter tempo de estar em casa, porque não sabia viver momentos como aquele.

Ficava muito preocupado em não faltar nada em casa e colocava toda a minha energia em ganhar dinheiro, pensando que assim poderia compensar minha família por não saber falar do meu amor.

Hoje percebo que não faltou o material, mas eu criei um vazio de amor e intimidade que a existência sozinha não se encarregou de preencher.

Mas agora, quero fazer diferente. Agora quero ser mais companheiro e amigo de todos.

Mariana me abraçou, sorriu e disse de modo totalmente natural:

– Também te amo, papai. E estou feliz porque você voltou para nós.

Depois ela subiu as escadas cantarolando, demonstrando uma felicidade que eu nunca antes tinha visto nela.

Naqueles dias de convalescença, eu tinha bastante tempo para ler. De modo que aproveitei para aprender o máximo com meu livro e para firmar de vez comigo mesmo o compromisso com o novo homem em que eu estava me transformando. Voltei a ler:

> Seja qual for o seu momento, é possível reiniciar o percurso. Tornando-se mais consciente de si mesmo, está na hora de criar uma nova rede neural em função das suas necessidades. Ou seja, de deixar de ser prisioneiro de seus velhos e desgastados hábitos e de antigas redes neurais.
>
> Com a nossa atenção direcionada e nossa intenção conscientes, criamos uma representação interna, uma imagem mental, daquilo que queremos, tão real que começamos a formar no nosso cérebro novas conexões, que serão depois arquivadas como lembranças e que ficam à disposição para ser utilizadas quando necessário. Nesse momento a mudança visualizada na nossa mente está fisicamente presente no cérebro. Do **imaginar**, passamos ao **fazer**, a exercitar com mais facilidade atos voluntários que vão dirigir a pessoa ao início do caminho que ela quer realmente percorrer. E finalmente a **ser** com mais naturalidade a transformação desejada.

Em outras palavras, sempre é tempo de construir um novo caminho e abandonar comportamentos antigos e inadequados. Mas muitas vezes usei essa estratégia para limitar os meus resultados.

Lembro de um episódio de quando eu era adolescente.

Aconteceu um fato que para mim, na época, foi terrível. Saí com um amigo e fomos a um bar. Lá, vi uma garota linda junto com outras amigas. Queria me aproximar, conversar com ela, mas na minha cabeça de tímido uma voz falava: "Você vai tomar o maior fora na frente de todos". Esse era o filme que passava dentro da minha mente, ininterruptamente e cada vez pior. Eu me via indo até a garota, ela nem olhando para mim e eu ficando em uma situação ridícula e patética sob os olhares e os risos dos amigos.

Eu me sentia humilhado e rejeitado antes de ir até ela, e, sem nada ter acontecido, tudo se desenvolveu na minha cabeça, apenas na minha imaginação.

No entanto, era tão real que o meu corpo reagiu, fiquei com o rosto vermelho, o coração disparado, suando frio e tremendo. E desisti antes de dar o primeiro passo.

A partir do drama que eu vivi com a doença, aprendi a fazer diferente. Estava deixando para trás aqueles caminhos errados que me afastavam de Lúcia e de meus filhos, e construindo um novo, no qual o nosso amor e a nossa união eram o que mais importava.

Capítulo XXV

A Empresa

Finalmente, após tanto tempo, fui para a empresa pela primeira vez depois de tudo o que aconteceu.

Ao chegar lá, fiz uma reunião com os meus colaboradores. Senti, de verdade, que havia neles uma onda de solidariedade. Percebi também uma preocupação no ar. Do tipo: "Será que, depois de uma doença destas, ele vai segurar a barra?"

Eu queria apertar a mão de cada um enquanto os tranquilizava, transmitindo que estava tudo bem.

Nesse dia fiquei na minha sala, um pouco perdido. Os meus diretores foram me colocando a par dos acontecimentos, e assim foi durante toda a primeira semana que consegui ir ao escritório.

Depois de um mês eu já estava mais seguro e retomando as minhas funções na empresa. A primeira providência foi instituir algo que sempre quis fazer, mas que ficava adiando: estabeleci uma vantagem que havia nas multinacionais em que trabalhei, o PPP, também conhecida como Prêmio por Produtividade. Isso existe nas empresas mais desenvolvidas e modernas do mundo, e com certeza a nossa faz parte desse grupo. Trata-se de nada mais do que uma participação modesta, mas eficaz – para todos os que trabalham – nos lucros da firma.

O primeiro passo, ainda que complexo, foi estabelecer as metas e os indicadores de desempenho para cada um dos executivos e seus respectivos setores. Metas para privilegiar a melhoria da organização como um todo, reduzir os custos com os fornecedores, criar processos produtivos bem delineados, agressividade nas vendas e, mais que tudo, a satisfação dos clientes – visto que é o cliente satisfeito que mantém o fluxo de caixa, logo a sobrevivência e o desenvolvimento da organização.

Tudo isso foi devidamente negociado com cada executivo de maneira que eles pudessem participar ativamente do processo e se posicionar diante do que deveriam conseguir dentro de prazos exequíveis. O processo deveria ser obrigatoriamente negociado entre os executivos e seus subordinados, de tal forma a envolver todos em um só objetivo.

O plano tinha que estar fundamentado na realidade e não ser somente mais um plano.

O passo seguinte era repensar o clima organizacional e compartilhar um conceito importante e quase esquecido no mundo tão competitivo dos negócios: trabalhar com alegria e bom humor.

Ter bom humor reflete o controle da ansiedade e demonstra características de otimismo e positivismo. É poder colocar aquela palavra ou aquele gesto feliz no momento oportuno, que, na ausência de melhor conceito, chamamos de "boa sacada".

Líderes que exercitam o bom humor são mais valorizados e mais respeitados pelos seus seguidores. Deixam história e saudades quando se ausentam da convivência!

Com metas definidas e a conscientização de que as pessoas precisam de uma liderança que faça a diferença em um relacionamento franco, maduro e alegre, tínhamos um plano consistente!

Claro que essa medida foi um sucesso estrondoso! Por um tempo, eu sabia, todos iriam dar mais de si do que vinham dando. Mas eu também estava ciente de que a cultura de uma organização não se muda do dia para a noite, que é necessário uma contínua reciclagem para que a mudança se consolide. O que eu não iria deixar passar é a confiança que adquiri com essa tomada de posição. Sei que essa providência separa o joio do trigo e isso logo aparece. Os próprios funcionários não iriam querer pessoas desmotivadas em seus departamentos, pois eles dificultariam a produção. É um círculo de efetividade que acaba pagando a si mesmo e levantando a empresa no mercado.

Não foi coincidência o nosso faturamento ter aumentado em 19% três meses depois de a PPP ter sido instalada. Todos ganharam com isso! Tínhamos potencial, mas não estávamos trabalhando com vontade, bom humor nem carinho.

Cada vez mais nos tornávamos uma empresa solidária, em que todos se ajudavam para o bem comum. Enfim, pouco tempo depois assinei um contrato de fornecimento tão grande como nunca imaginei que assinaria.

Capítulo XXVI

Mudanças

É claro que não esqueci meus amigos do hospital. Passei por várias sessões de quimioterapia e radioterapia, periodicamente. Assim, tive tempo de encontrá-los.

Sempre que voltava ao hospital para a quimioterapia tinha uma sensação contraditória: sofria ao imaginar que iria passar por todos aqueles sintomas desagradáveis de novo e, no entanto, queria rever os amigos que lá ficaram.

Encontrei-me bastante com a doutora Silvia, e ela sempre tinha algum tempo para algumas conversas.

Fiquei profundamente preocupado porque soube que Cris estava reagindo mal ao tratamento e emagrecera bastante. O meu primeiro pensamento foi de não querer vê-la tão frágil. Conseguia inclusive encontrar uma justificativa lógica para ficar no meu quarto: não incomodar.

Mas fui visitá-la, mesmo assim. Tomei uma dose cavalar de coragem e fui. A Cris me pareceu menor e me deu um abraço tão leve que quase não senti.

Ela pediu:

– Conta uma história?

Quase desmaiei, engoli em seco, fechei os olhos para as lágrimas não escorrerem e corri para o meu quarto. Peguei um dos livros que tinha levado e comecei a ler.

Cris ouviu a leitura com os olhinhos brilhantes por uns dez minutos. Depois adormeceu.

Fiquei com o coração apertado. Existem situações que fogem à nossa compreensão, ao nosso controle, parecem injustas e cruéis. Por que uma criança precisa sofrer assim? Talvez esse anjo tenha entrado na vida de cada um de nós somente para nos dar lições de vida.

Caminhei de volta até meu quarto e chorei até que a doutora Silvia entrou.

– Marcos, enquanto existir vida coloque a atenção nela, não mate antes que a morte o faça. Não se relacione com a pessoa como se ela já estivesse morta. Relacione-se com a Cris como ela está: viva! Porque ela está viva!

E continuou:

– Quando evitamos encarar nossos conflitos, fugimos das dúvidas e deixamos para trás situações não resolvidas, elas passam a interferir de maneira negativa em nossa caminhada. Parece que existe uma força invisível que faz a discórdia, os aborrecimentos, os duelos, os desajustes ou a falta de harmonia se repetir. Você precisa agora limpar as situações pendentes, abraçando novas referências.

O que se espera é que você se disponha a aprender a ir além do óbvio, que varie o seu foco de interesse, multiplique suas habilidades e se torne uma pessoa melhor por meio de cada nova experiência.

São mudanças internas que se traduzirão em comportamento externo, em novas posturas e, acima de tudo, em novas ações.

Quando não compreendemos o que estamos fazendo e não agimos de modo consciente, e, sim, mecanicamente, acabamos profundamente estressados porque não temos as rédeas da própria vida nas mãos. Quando você dirige seu próprio carro, pode mudar de ideia no meio do caminho e voltar. Ou pode entrar numa estradinha menor, para conhecer uma pequena vila que, pela autoestrada, passaria despercebida.

Quando você dirige o seu destino, dá para realizar mudanças de roteiro. Caso contrário, não.

Foi uma visita rápida como um ciclone aquela da doutora Silvia, mas teve o poder de mexer profundamente comigo. Agradeço cada palavra dessa médica generosa, que sempre tem um tempo para os pacientes e sabe ajudar como ninguém.

Claro que o meu desafio era árduo. Tinha de percorrê-lo com humildade e sempre lembrar qual resultado desejava obter, com que qualidade eu queria viver. Sabia que nessa segunda oportunidade que me foi generosamente oferecida pela vida, eu precisava estar atento para onde queria levar minha vida, minha família, minha carreira, meu casamento, meus filhos.

De que orquestra eu escolheria me tornar regente? Uma orquestra confusa, em que cada um desafina para um lado e os músicos brigam o tempo todo para ter razão, ou de uma orquestra harmoniosa que difunde melodias cheias de amor, envolvendo com prazer todos à sua volta?

A vida sempre nos dá uma segunda chance. Em geral, essa segunda chance tem a ver com a espiritualidade, com o nosso crescimento pessoal. Só que muita gente não percebe essa segunda chance e a desperdiça, assim como desperdiçou a primeira. E nada muda em sua vida, e tudo permanece cinza e sem calor.

Mas aquele que sabe aproveitá-la faz na sua vida uma revolução e faz dessa mudança um ato heroico, uma homenagem à beleza da vida e da existência. Dá a si mesmo uma nova oportunidade de ser e de viver por completo e mais feliz.

Li o último trecho do livro que me acompanhou em toda a minha viagem:

> Uma história de vida não é escrita com papel e caneta, mas com as atitudes que temos. Com pensamentos, palavras e obras, cada um constrói a sua lenda pessoal.
>
> Altos e baixos acontecem. Todos enfrentam dias de luz e de escuridão, dias de açúcar e de fel, de bondade e de crueldade, de serenidade e de agitação. Caímos e levantamos, vivemos derrotas e vitórias, obstáculos e superações, fins e recomeços. Ainda bem que a vida não é uma estrada sem curvas, sobressaltos e até buracos. O ser humano não foi feito para viver em permanente monotonia, mas em permanente movimento.
>
> Expanda a sua luz, siga a sua felicidade, acredite nela e lembre-se de que a vida é um milagre a ser vivido todos os dias.
>
> É possível, você é capaz, você merece, você faz a diferença. Permita-se!

Capítulo XXVII

Celebração

Há exatos dois anos tive o meu diagnóstico de câncer. Hoje volto ao mesmo consultório da doutora Silvia, depois de fazer dezenas de exames. Fiquei vinte minutos na sala de espera, com um ar-condicionado gelado, suando em bicas. Não sei explicar se era medo, pavor ou ansiedade. Sei que acreditava na minha cura, mas sempre fica um fio de suspeita. Tentei com todas as minhas forças, enquanto estava ali sentado, acreditar que o meu diagnóstico seria o melhor. Mas entrei quase cambaleante no consultório.

– Sente-se, Marcos – disse a doutora Silvia.

– Pelo amor de Deus, doutora, não me torture. Estou curado?

Minha ansiedade era tão densa que preencheu o consultório como se fosse uma massa pesada. A médica não titubeou.

– Depois de ver todos os exames que você fez ao longo deste último ano, posso afirmar que não há nenhum indício de câncer em seu corpo. Não houve reincidência nenhuma e afirmo com admiração que as nuvens negras já passaram.

No entanto, precisamos conversar, pois você tem que levar, junto com sua alegria, instruções de tudo o que fará daqui para frente. Um monitoramento com exames de controle regulares vai ser necessário, para podermos ter sempre a situação sob domínio.

Juro que não ouvi mais nada. A massa densa havia se dispersado e eu estava acima do chão, pairando de alegria, como se fosse uma bola de gás. Eu era, ali, um homem flutuante e surdo. Tudo o que a doutora Silvia falava eu respondia que sim com um aceno de cabeça, mas só pensava em como iria dar a notícia lá em casa!

Dei nela um abraço longo e apertado, daqueles que a gente dá e recebe ao marcar o gol no último minuto da decisão do campeonato.

Vibrei como no dia do nascimento dos meus filhos, como no dia do meu casamento, como alguém que tem horizontes sem fim diante de si.

Saí de lá com vários papéis escritos, assinados, e nada, nada mesmo na cabeça, além das duas palavras: "estou curado".

Por incrível que pareça, em vez de ir direto para a companhia da família, eu me dirigi ao escritório. Eram seis da tarde, não havia mais ninguém por lá. Sem fazer nenhuma pergunta, o vigia da noite mostrou estranheza com a minha chegada.

Fui para a sala da diretoria e, como no dia em que tive o diagnóstico do tumor maligno no cérebro, chorei. Chorei com todo o meu ser. Só que desta vez de alegria! De felicidade, eu estava alucinadamente feliz por ter conquistado uma segunda oportunidade de acertar, ser feliz e viver a plenitude ao lado de tantas pessoas especiais.

Não cabia em mim! Tinha vontade de gritar para o mundo.

Fui até a mesma janela (da qual há dois anos eu queria me atirar) e dessa vez olhei o céu: um final de tarde daqueles lindos, o pôr do sol com tons de laranja, e a sensação de infinito foi me preenchendo.

Sentei na poltrona, e o filme da minha vida foi passando pela minha cabeça em câmera lenta: a sensação é de que cada fato acontecido me conduziu até ali. Fiquei inebriado pelas imagens e pude, então, ver o futuro com a consciência de quem estava se antecipando a ele. Em close, no filme, surgiu o compromisso a ser abraçado...

Posso simplesmente voltar para aquele caminho antigo ou me fixar, com atenção redobrada, em tudo o que aprendi. Em saber de que lado dos meus sapatos deixo o guarda-chuva. Em ser coerente comigo mesmo e com as pessoas da minha vida. Consciente da dádiva que recebi.

Tenho a sensação de que Deus dá o milagre, porém ele não tem sistema de entrega em casa: cada um de nós tem que retirar o seu próprio milagre. O milagre da vida, o milagre da relação, dos filhos, do sucesso, da felicidade, da plenitude e tantos outros milagres cotidianos.

Deus disponibiliza todos eles e nós precisamos ter a coragem de ir buscá-los. Isso não me chega como um fardo a ser carregado, e sim um pacto de amor, de distanciar a morte da vida, de criar um compromisso profundo, leve e intenso com a vida.

Foi escurecendo.

Adormeci me perguntando qual seria a melhor maneira de compartilhar toda esta alegria que transborda no meu coração com a minha família. Acordei com o celular tocando. Era Lúcia, minha esposa:

– Onde você está? O que aconteceu?

– Não aconteceu nada. Tive um problema no escritório e vou para casa agora. Guardei a boa notícia para entregar pessoalmente, numa bandeja de agradecimento, a quem merecia mais do que isso. Merecia toda a minha gratidão e o meu amor! A turminha lá de casa!

Peguei o carro para voltar para casa. Diferente do dia em que tive o mau diagnóstico, não vejo nada em branco e preto. As cores estavam, ao contrário, mais brilhantes. Dirijo devagar para curtir o caminho que naquela época fiz arrasado. Demorei bastante para chegar, guardei o carro e subi para o apartamento. A porta estava trancada com a trava interna. Estranhei o silêncio, não ouvi nem o barulho da televisão.

A porta se abriu e estava tudo escuro. De repente, todas as luzes se acenderam ao mesmo tempo e parecia que o dia havia voltado no meio da noite. Minha mulher e meus filhos estavam ao lado da doutora Silvia e o marido, de Jorge e a esposa. Outros amigos marcavam sua presença; eram ao todo doze pessoas, mais as crianças e o Táxi. Todos sorriam e vibravam.

Comecei a me emocionar. Lúcia carregava, nas mãos, um vaso de girassóis, lindos, amarelos como ouro. Eu parei, como se alguém me dissesse para brincar de estátua. E não consegui balbuciar uma palavra. Quem falou foi ela:

– Estes girassóis são para você, meu amor, que buscou sempre a luz, em todos os momentos difíceis por que passou. Em vários momentos nos quais a escuridão poderia ter dominado, você soube expandir a luz no seu coração e nas nossas vidas.

Quando parecia mais simples ficar escondido no quarto escuro, você foi em busca da sua janela de luz.

Você é luz e você trouxe tanto brilho para dentro desta casa!

Enquanto ela falava, todos caminharam para mim e me deram o maior abraço do mundo!

Todos já sabiam do diagnóstico. Foi uma surpresa preparada. Por isso a Lúcia não havia ido comigo ao consultório... Todos eram cúmplices no amor por mim. Todos eram, agora, cúmplices da minha plenitude!

Eles acenderam comigo as novas luzes da minha vida.

Bibliografia

DAMÁSIO, António. *O mistério da consciência*. São Paulo: Companhia das Letras, 2005.

______. *O erro de Descartes*. São Paulo: Companhia das Letras, 1998.

DI BIASE, Francisco. *O homem holístico*.
Rio de Janeiro: Editora Vozes, 1995.

LESHAN, Lawrence. *O câncer como ponto de mutação*.
São Paulo: Summus Editorial, 1992.

MATTHEWS SIMONTON, Stephanie. A *família e a cura* – O Método Simonton para famílias que enfrentam uma doença. São Paulo: Summus Editorial, 1990.

OSHO. *Antes que você morra*. São Paulo: Madras, 1996.

______. *Morte a maior das ilusões*. São Paulo: Editora Gente, s/d.

PANIKKAR, Raimon. *La dimora della saggezza*. Milano: Oscar Mondadori, 2005.

RIZZOLATTI, Giacomo; CRAIGHERO, Laila. Lnaguage and mirror neurons. In: GASKELL, G. Oxford fandbook of psycholinguistics. Oxford: Oxford University Press, 2007.

RIZZOLATTI, Giacomo; SINIGAGLIA, Corrado. *So quel che fai*. Milano: Raffaello Cortina Editore, 2006.

SERVAN-SCHREIBER, David. *Anticâncer*. Rio de Janeiro: Fontanar, 2008.

SIEGEL, Bernie. *Viver bem apesar de tudo*. São Paulo: Summus Editorial, 1998.

SIMONTON, Carl; MATTHEWS SIMONTON, Stephanie; CREIGHTON, James. *Com a vida de novo*. São Paulo: Summus Editorial, 1987.

SOLMS, Mark; TURNBULL, Oliver. *Il cervello e Il mondo interno*.
Milano: Raffaello Cortina Editore, 2004

WATTS, Alan. *La via della liberazione*. Roma: Ubaldini Editore, 1992.

Contatos do autor:
edu@edushin.com.br
www.edushin.com.br
ww.creser.com.br

Este livro foi impresso pela Paulus Gráfica em papel *offset* 90 g.